为了孩子个性的绽放

——依托信息技术的幼儿个性化教育的观察与评价

金晓锋 主编

光明日报出版社

图书在版编目（CIP）数据

为了孩子个性的绽放：依托信息技术的幼儿个性化教育的观察与评价 / 金晓锋主编 . -- 北京：光明日报出版社，2020.3

ISBN 978-7-5194-5668-9

Ⅰ.①为… Ⅱ.①金… Ⅲ.①信息技术—应用—学前教育—教学研究 Ⅳ.① G612-39

中国版本图书馆 CIP 数据核字（2020）第 043779 号

为了孩子个性的绽放
——依托信息技术的幼儿个性化教育的观察与评价

Weile Haizi Gexing De Zhanfang
—— Yituo Xinxi Jishu De You'er Gexinghua Jiaoyu De Guancha Yu Pingjia

主　　编：金晓锋	
责任编辑：宋　悦	策　　划：庞　强
封面设计：贝壳学术	责任校对：傅泉泽
责任印制：曹　净	

出版发行：光明日报出版社
地　　址：北京市西城区永安路106号，100050
电　　话：010-63139890（咨询），010-63131930（邮购）
传　　真：010-63131930
网　　址：http://book.gmw.cn
E-mail：songyuer@163.com
法律顾问：北京德恒律师事务所龚柳方律师

印　　刷：天津雅泽印刷有限公司
装　　订：天津雅泽印刷有限公司
本书如有破损、缺页、装订错误，请与本社联系调换，电话 010-63131930

开　　本：170mm×240mm	印　张：10
字　　数：200千字	
版　　次：2020年3月第1版	
印　　次：2020年3月第1次印刷	
书　　号：ISBN 978-7-5194-5668-9	

定　　价：48.00元

版权所有　　翻印必究

作者简介

金晓锋，女，上海市青浦区贝贝幼儿园园长，上海师范大学本科毕业，中学高级教师。曾获上海市中青年教师评优二等奖、上海市园丁奖，曾荣获上海市第一届基础教育名优教师、青浦区学科带头人、教科研先进个人等荣誉称号。多年来致力于学前教育的实践与研究，在保教质量管理、美术教育等方面主持市级、区级立项课题，研究成果获得长三角地区、市区级一二等奖，并发表于各类书刊。主持编写并出版《幼儿园保教质量监控与管理》一书。

内容简介

在改革开放不断深入和现代信息技术迅速发展的背景下，上海市青浦区贝贝幼儿园开展了《依托信息技术的幼儿个性化教育的观察与评价》的课题研究，本书即是该研究的精粹集结。本书分为基础性研究和创新性研究两大部分，前者主要阐述研究的背景与价值、研究的总体思路、个性化教育与相关教育的区别和辩证关系，后者分别对本园幼儿个性化教育的观察和评价所涉及的内涵、特点、内容、方式等进行解读并加以案例实证，同时还涉及个性化教育的工具、管理和成效、保障和效益等方面。

《为了孩子个性的绽放——依托信息技术的
幼儿个性化教育的观察与评价》
编写委员会

主　编：金晓锋

编　委：潘　丽　李　悦　张　瑜

　　　　张嘉蔷　刘晓宇　顾华叶

　　　　尤美华　朱晨燕　王燕婷

　　　　朱慧珍　杨　希　戴洁婷

　　　　俞小婷　陈霞锋　吴佳颖

　　　　周　田

| 目 录 |

序　问之初 …………………………………………………………… 1

前　言 ………………………………………………………………… 3

思想　思辨　思路

第一章　幼儿个性化教育的理论基础 ………………………………… 2

　　第一节　研究背景与价值 ………………………………………… 2

　　第二节　现代信息技术与个性化教育 …………………………… 4

　　第三节　个性化教育的情报研究 ………………………………… 6

　　第四节　个性化教育与相关概念的关系 ………………………… 9

第二章　幼儿个性化教育的园本研究与思考 ………………………… 12

　　第一节　研究的前期思考 ………………………………………… 12

　　第二节　幼儿个性化教育观察与评价的基本体系 ……………… 18

　　第三节　幼儿个性化教育的观察与评价的内容、标准和工具 … 20

实践　实用　实效

第三章　幼儿个性化教育中的观察 ……………………………… 28

 第一节　概述 ……………………………………………………… 28

 第二节　依托信息技术的观察 …………………………………… 29

 第三节　观察的方法及使用工具 ………………………………… 30

 第四节　观察方式的案例与反思 ………………………………… 38

第四章　幼儿个性化教育中的评价 ……………………………… 55

 第一节　概述 ……………………………………………………… 55

 第二节　依托信息技术的评价 …………………………………… 56

第五章　幼儿个性化教育的有效载体 …………………………… 70

 第一节　《幼儿成长手册》编制的思路、价值与意义 ………… 70

 第二节　《幼儿成长手册》编制的目的、内容与原则 ………… 71

 第三节　依托《幼儿成长手册》促进幼儿个性化发展的实例 … 79

第六章　幼儿个性化教育的管理 ………………………………… 92

 第一节　组织领导推进管理 ……………………………………… 92

 第二节　制度建设规范管理 ……………………………………… 93

 第三节　运作机制科学管理 ……………………………………… 94

 第四节　信息管理有效促进幼儿个性化教育 …………………… 95

第七章　幼儿个性化教育的成效与反思 …… 97

第一节　个性化教育促进幼儿更好地发展 …… 97

第二节　个性化教育研究下教师专业水平的提升 …… 110

第三节　幼儿园个性化教育特色课程与评价平台的创建 …… 115

第四节　项目研究的反思与展望 …… 134

参考文献 …… 143

后　记 …… 145

序
问之初

当我知道钱学森先生提出的"世纪之问"时，马上联想到"人生之初"和"教育之初"。

钱学森先生的"世纪之问"是，我们的教育为何培养不出大师级人才？所谓大师级人才都具有很强的创新性和创造力，这与他们的人生之初就凸显个性并得到正确的教育引导有关。因此，培养具有创新性、创造力的大师级人才也必须从人之初的"娃娃"教育抓起。

可惜的是，20世纪中国的教育是去个性化教育。

我曾见过这样一张漫画，画的是一所小学一年级的学生，他们的脑袋有的是方形，有的是三角形，有的是四边形，不一而足，但到了六年级，统统变成了圆形，这无疑是教育的悲哀。很多学校还人为地给学习困难的学生贴上"差生"的标签。实际上，所谓"差生"就是学习成绩差一些而已，特别是语数外等应试学科的学习速度比较慢，殊不知他们有的动手能力很强，有的具有艺体潜能，有的情商很高善于处理人际关系，等等。学生差异最为集中的表现是个性的差异。我们应该尊重差异与个性，发展差异与个性。把差异与个性作为一种教育资源进行开发和利用，这样才能培育出各种具有创新性、创造力的人才，而不是把差异与个性当作教育负担，人为地加以统一。

另外，在引进马克思主义关于人的全面发展学说时，片面强调"五育"的平均发展，忽视人的个性发展。我认为全面发展是基础，个性发展是创新。事实上马、恩主张的是个性的全面发展。人生之初都有个性的萌芽，或表现为人的神经系统兴奋与抑制的种种个性化特点。在此基础上，教育之初则引导其个性的"五育"健康发展。例如，某人在幼儿园就喜欢各种球类活动，小学时参加了篮球队，据此个性，教师或者教练就应从篮球德育、篮球智育、篮球体育、篮球美育上去引导，以至各方面都得到个性的全面而健康的发展。人的个性是内因，全面发展的教育是外因，外因必须通过内因起作用，这是符合马克思主义基本原理的。

我认为，健康个性是杰出人才具有创新性、创造力的前提，全面发展是创新性、创造力的基础和保障，在尊重和发展人的个性前提下，培育人的全面发展的素质基础才是可能和有价值的。

青浦区贝贝幼儿园、甜甜乐幼儿园园长金晓锋主持的《依托信息技术的幼儿个性化教育的观察与评价》的课题研究，试图在人生教育之初培育幼儿的健康个性，使其萌发创新性和创造力，以求解钱先生之问的勇气与智慧是值得肯定的。

我受邀审阅和修改课题研究素材与书稿的过程中，第一个感受是欣喜地发现她们利用现代信息技术，从个性化教育的观察与评价入手是很明智的。现代信息技术善于发现幼儿的需要、好奇心、兴趣点，通过利用科学而可行的观察与评价手段的循证实践，对幼儿的个性发展进行细致地分析与培育，从而促进幼儿个性的健康发展。她们建立的《幼儿成长手册》，记录了每个幼儿个性的各方面发展，特别是幼儿创新性和创造力萌芽的点点滴滴，记录了从小班到中班再到大班的既有阶段性又有连续性的完整而生动的历程，为个性教育的理论研究提供了丰富而翔实的案例素材，为学校创建特色添砖加瓦，为家长了解和理解自己子女的个性特点和全面发展送上一份蒙童启创的最好礼物，从而使幼儿园教育成为家长满意的教育。

第二个感受是本书凸显了"群众性教育科研"的力量。"群众性教育科研"是改革开放后上海普教科研的一种创举。它以学校为舞台，强调第一线校长、教师的参与和提高；注重教育理念和学校教育教学实践的密切结合；提倡教育专家与校长、教师的相得益彰。金晓锋园长带领全体教师进行课题研究的经历和科研团队建设的经验，反映了"群众性教育科研"的特点：一是学校领导率先垂范并引导教师积极参与课题研究的教育科研活动；二是科学的学校管理，特别是有效的科研和课题管理，对促成学校、教师主动发展的机制有一个良好的生成过程；三是体现了校长、教师的智慧和力量，集智慧研修产生增值、分享、互补、提升效益，合力改变课堂与师生；四是学校为教师创造良好的科研氛围，帮助教师正确处理教育理论与教育实践的关系，体现"人出课题，课题出人"的研究局面。

一项课题研究总是有时限的，而研修则具有无限的可能性。愿贝贝幼儿园、甜甜乐幼儿园继续深入研修，不断前进，继续谱写精彩的教育诗篇，为"问之初"奠基。

随着改革开放的力度不断加强和素质教育的深层推进，我们将要看到21世纪中国的大师级杰出人才大放异彩——他们应该都是个性全面发展的人！

上海市特级教师　郭德峰
2019年7月

前　言

让每一位幼儿都能顺应自身发展特点和优势健康快乐成长是每一个幼儿园园长、教师、幼儿家长的"教育理想"。不过，身处学前教育一线，大家可能常会发现我们的教师有着不少困惑，如"我认为教育未来的发展方向是基于幼儿发展的个性化教育，但是我每天都在忙着照顾孩子，没有时间观察、了解幼儿的发展现状""我知道观察的重要性，但我不知道要观察什么，如何把观察到的东西有效地写下来""我知道了解幼儿的重要性，但是面对观察获得的信息我不知如何评价幼儿发展情况""我认为家园合作能有效促进幼儿个性化发展，但我没有找到稳定的实施载体"……

面对层出不穷的教育实际问题，我们坚信，通过观察评价，教师、家长能够对每位幼儿有更深入的了解，能有效地把握他们的发展变化轨迹，并为之实施个性化课程。我们坚信，通过研究，能在实践层面对幼儿园老师如何观察幼儿、评价他们的发展、尝试个性化教育提供一些易操作、较全面、能付诸实施的切实可行的方案。我们坚信通过探索改善观察记录、评价分析、家园联系的策略，开发出新的教育信息平台，对教师在了解幼儿、开展个性化教育方面有些帮助。

在这样的教育追求下，贝贝幼儿园、甜甜乐幼儿园全体教职工集中群体智慧与力量开展幼儿园"依托信息技术的幼儿个性化教育的观察与评价"的项目研究。两年多的时间，我们行走在"寻找儿童生长的世界"路上，直面问题、披荆斩棘，蓦然回首，通往教育理想的阶梯日渐清晰。我们深深体会到：在科技发展越来越快的今天，信息技术为观察评价插上了一双翅膀。观察评价虽然是艰苦的，却是值得做的，因为可以帮助每一个孩子更好地成长，协助教师更得心应手地工作。

未来还很长，我们仍将不断探索前行。

思想　思辨　思路

第一章　幼儿个性化教育的理论基础

第一节　研究背景与价值

一、背景

联合国教科文组织出版的《学会生存》一书,强调"自我教育""主动参与""了解和尊重个性的一切方面"等,并认为"教师的将来的任务是培养一个人的个性并为他进入现实社会开辟道路"。伴随着我国的改革开放,邓小平同志率先提出"教育要面向现代化,面向世界,面向未来"。紧接着教育改革后的新课程明确提出了基础教育的总目标:"要对学生进行德、智、体、美、劳等方面的教育,使他们拥有良好的思想素质、文化素质、身心素质和劳动素质,个性得到健康发展,成为能适应社会主义事业的公民"。"发展个性"成为新课程培养目标中不可缺少的一个组成部分,拓展性课程、探究性课程与基础性课程一起被列入中小(幼)的课程探索中,体现教育的共性与个性并驾齐驱。习近平总书记明确指出,教师要遵循教育发展的规律,遵循学生身心发展的规律。我们认为前者是对教育共性的要求,后者是对教育个性的要求,即教育应当重视学生的个性发展,开发他们的潜能,帮助他们发展自己的兴趣爱好,以及学习的自主性、独立性和创造性。落实到幼儿教育,《上海市学前教育纲要》指出"根据儿童自身发展需要和社会需要,使其获得全面、和谐、充分的发展""教师应根据儿童的兴趣和发展特点实施教育""儿童在主动获得经验的过程中,形成和发展具有个性特点的语言与非语言的表达和表现方式"。

由上述思想和政策反观我国教育还存在传统的标准化、同步化倾向,忽视幼儿神经系统发育的特点和个性萌芽的表现,偏重于班级统一要求,没有把幼儿的个体差异视为教育根源,给落后的儿童贴上某种标签,意识上不予尊重,甚至以为累赘。为纠此偏向,我国自 2002 年以来,长期坚持以《幼儿成长手册》为载体,记录收集幼儿成长发展过程中的活动轨迹,主要活动有:幼儿美术作品,幼儿日常活动照片,幼儿每月、学期末发展评价表。每月下发,与家长形成互动,并作为家园互动特色项目形成了常态机制。教师在日常教学中也形成了收集、积累幼儿个性化日常发展过程性资料的经验。但在收集累积的过程中，对孩子的观察是零星、表面的，也没有借助各类材料对幼儿个性化发展开展评价。

如何通过研究，使《幼儿成长手册》成为幼儿个性化教育的有效载体，使教师对幼儿发展轨迹收集过程更加具有教育性和科学性，并以此提高教师观察评价和个性化教育能力，促进幼儿个性化发展，是我们不断思考的问题。

如何通过研究，丰富幼儿观察与评价模式，从而探索一种系统、常态、持续的幼儿个性发展观察和评价机制成为我园教育发展的基本要求。

如何通过信息技术的研发，降低教师观察评价与数据统计分析所需的人力资源与时间成本，为个性化教育提供支持性条件成为我园当前亟须解决的问题。

当前高度发展的信息技术使个别化的个性教育成为可能，展示出广阔的前景：信息技术为教育变革、课程改革创造了条件，彻底改变传统教育的弊端。电脑、网络使教育工作既可普及又可实现个性化，可以充分实现以幼儿为主体的目标，并使幼儿个性得到充分自由的发展，同时能转变教师的角色，由包办代替成为辅助者。

鉴于此认识，我们选择了"依托信息技术的幼儿个性化教育的观察与评价"的项目研究。

二、价值

（一）实现马克思主义关于人的全面发展理论

马克思主义认为，人的发展包括全面发展和充分自由的发展。人的"全面"发展是指人的德、智、体、美、劳和各种才能的全面发展，人的"充分自由发展"是指人的个性的全面、自由的发展。他认为人类的全面发展和每个人个性的全面发展是紧密相关的。后者是前者的基本条件和动力，前者是后者的共性要求。马克思充分考虑到个体的能力倾向、兴趣爱好和性格特点，每个人都能按照自己的需要、兴趣等个性要求，结合社会需求进行职业上的流动和适应，人的个性的全面发展是必要和合理的，同时人的个性教育是实现人的全面发展的必由之路。"家是最小国""国是千万家"中的家国关系，犹如"个性"与"全面"的关系。

（二）演绎"以人为本"的思想

以人为本的思想就是要把人真正当人，确立以人为目的的教育，这样才能使人的潜能开发、能力发展和个性张扬成为可能。教育的本质是培养人——树德立人，教育的核心是人，主体是人，离开了人就没有教育。研究人的个性，如人格、能力、素质等是教育的使命和责任。

人本主义心理学认为，不管是以教论教或是以学论教，始终是人在学习、人在教育，是具有独特个性之人的互动。因此，在教育中，认为人的独特的个性必须受到尊重和发展，不可泯灭。这须加强对个性和个性教育的实践研究，才能演绎"以人为本"的教育真谛。

现在中国经济由落后变成高度发展，一跃成为新兴的、有活力的世界第二大经济体，有赖于"科教兴国"策略和科技改革、教育改革的成果。改革开放对个体意识的承认、激发、尊重、强调，契合了人性在个体精神和主体意识上的觉醒。纵观我国的改革开放历程，没有这些觉醒，特别是个性特征的张扬、个人价值的实现，就不会有主人翁意识、志愿者精神、人的主体地位和公民权益的保障，也不会有"我的青春我做主""有体面地劳动、有尊严地生活"，更不会有"人民的梦想"与"中国梦"。

第二节 现代信息技术与个性化教育

一、现代信息技术的功能

（一）现代信息技术改变着知识的数量与质量

传统观念认为知识就是呈现在教材中的内容，知识的多少与学历、年龄成正比，知识是终生有用的，是按人生从学习期到工作期到退休期，几十年时间中学习、掌握的教科书中的内容；学好知识后，知识永远可用，少有质量上的改变。有人说现代信息技术开发后，信息的数量呈几何级数增长，知识的质量呈指数级数的更新，知识的陈旧率，促进人们终身学习知识。

（二）现代信息技术改变着人们关于学习的教育观念与方式

传统观念认为，学习与书本、教师相关联，教育则与班级、教室相伴。有了现代信息技术后，教育本质上成为一种选择过程，信息技术成为中介，帮助学生接受、学习需要的信息。学习方式主要是生—机、生—生、师—生的个别或整体的自学或讨论。

（三）现代信息技术改变着人们的时空观念和运行方式

传统的教育学习是在固定的场所和时间里进行的，现代信息技术使学习和教育的地点和时间变得灵活，不再受时空限制，随时随地都可以进行。

二、现代信息技术的开发

（一）现代信息技术的初级阶段

随着现代科技的发展，电灯、投影、电影、录音、录像、广播、电视等现代信息技术广泛应用于教育与学习，扩大了教育与学习的范围，提高了相应的效率与质量。人类进入20世纪八九十年代以后，电脑、网络技术的开发应用，使教育与学习的方式发生了根本性的变革，进入了飞跃与创新的时代。

（二）现代信息技术的发展阶段

过去我们熟知的幻灯、录音等信息设备，只是一种教育与学习的辅助手段。以电脑为核心、以网络为纽带的现代信息技术对教育与学习产生不可估量的革命性影响，并成为教育与学习的常态，因为它促进了信息技术的智能化，使因材施教的理想真正成为现实；它实现了人机互动，学生可自我调节、反馈，会受到象征性的鼓励和惩罚，激发学生的积极性和主动性。

现代信息技术消除了班级授课的去针对性、去个性化等弊端，避免把不同的人变为相同的人，使不同的人变得更加不同。

三、现代信息技术是个性化教育的重要手段

（一）运用现代信息技术是教育"三个面向"的重要标志

邓小平同志早在1983年就提出"教育要面向现代化，面向世界，面向未来"，这就要求在教育中特别关注学生的学习能力、个性心理特征及个人的兴趣、动机和学习手段（工具）上的先进性和差异性，因材施教。作为教育与学习的手段或工具的现代化信息技术，在个性化教育中，促使学生发挥更大的积极性和主观能动性，减少外来干涉和压力，产生一种自我指导氛围和积极紧张状态，沉浸在自发兴趣、主动学习、自觉监控的学习常态之中。

（二）运用现代信息技术有利于学生个性化发展

学生通过现代化信息技术阅读资讯、视听音像、做笔记、查资料、做实验、解问题等，有利于个性和程度各异的学生按不同的进度选择不同的资源和方法，积极主动地完成学习任务，获得成功的信念和改进的机会，促进学生在需要、兴趣、技能、气质、性格等个性心理特征方面的发展和个性倾向性的形成。

（三）运用现代信息技术帮助教师在个性化教育中进行观察与评价

现代信息技术使事物由小变大、由外向内、由近及远、由静化动，使教师对学生的观察更加细致、精确，从而对学生的评价更加到位与有效，这对改进教育教学和提高教师的专业水平都是十分重要的。由此，个性化发展更有科学性和时效性。

（四）运用现代信息技术，能充分体现个性化教育的民主性、幼儿的主体性

由于幼儿园班级人数较少，又加上现代信息技术，使教师有机会对每个幼儿进行近距离、等距离的接触，充分发挥教育的民主与平等；现代信息技术的介入，可以让幼儿成为真正意义上的主人，尤其是网络技术，为幼儿创设了自

主学习的环境，凸显幼儿主体性；现代信息技术的运用，进入幼儿园日常的教育教学活动之中，成为培养幼儿参与、合作、探究、创新的工具，改变教师的教育教学方式，发挥其教育的综合作用。

第三节 个性化教育的情报研究

一、国内相关研究

在个性化教育的内容和要求方面，喻啸方认为："至少包括确立主体意识、培养独立人格和发展个性才能，它们是相关联的，归结到一点就是要求教育把人真正作为人来培养，而不是仅仅作为某种工具来培养，教育所培养的人都是活生生的、具体的、现实的人，而不是抽象的、一般的。凡具体的、现实的人都应当有主体意识、独立人格和个性才能，亦是有个性的人。"华忠认为："培养学生个性的进程是一个由外向内的过程，也是一个由内向外的主动作用过程，离开学生自身的主动精神、积极性和能动性，妄想使其个性得到迅速发展是不可能的。"钱巧玲认为："个性化教育体现在学习活动、道德培养、社会体验和课外活动中的自理、自主、自律和自信上。"

在个性化教育的途径和方法方面，董琴芬认为，一是增强自我意识，培养独立性；二是重视个性差异，发展独特性；三是引导实践磨炼，诱发创造性；四是力求个性的全面发展，着眼完整性。浙江省教科所、杭州市胜利小学联合实验组认为，活动是个性形成的中介，交往关系是个性形成的基础。王瑞麟更加具体化地指出："一是给学生多提供自由选择的机会，二是给学生多提供表达独特性思想和感情的机会，三是给学生多提供思考问题的机会，四是给学生多提供自我评价的机会，五是给学生多提供自由锻炼的机会。"钟启泉认为："要实施个性化、个别化教育，就得依据每个学生的特点，把一些条件加以改变，这些条件是：改变教法、学法，改变内容、教材，改变目标、标准，改变课时、场所，改变教师与学程。"辽宁省实验小学在个性教育实验方案中认为学生的个性化教育包括个性意识倾向和个性心理特征。在人的个性意识倾向上，主要培养学生的自我意识，如人际关系、学习能力、兴趣、特长、行为、风格等几方面。个性的心理特征，主要是发展学生的"四性"，即自主性、独立性、独特性、创造性；"三种精神"，即主动精神、敬业精神、竞争精神；"六种能力"，即自学能力、操作能力、交往能力、适应能力、自理能力、创造能力。

二、国外相关研究

在个性化教育的内容和要求方面，方彤认为，日本对此也存在着各种见解，可以概括为：一是及时发现儿童潜在的优良个性，二是努力促进儿童掌握基础知识，三是有意识设置适合儿童的教育环境，四是妥善利用儿童的主体性。徐小帅在介绍美国教育家沛西·能的个性自由发展理论时，认为他强调儿童的自动精神，改变教师对学生的"专横态度"，教师在学生个性的自由发展中起重要作用，他要求教师是学校环境的选择者，是学生积极的观察者，是学生的示范者和指导者，这样才有利于培养和发展学生的个性。日本麻布台教育研究所的调查认为，日本儿童的个性包含三大侧面，即精神、身体和能力。个性化教育，首先是重视了解儿童本身存在什么个性以及儿童自己怎样理解个性；其次是重视了解儿童家长本身存在什么个性，以及家长怎样理解个性。从此出发，认为要想真正地、有效地重视儿童个性，就应该将全面、准确地了解儿童个性作为学校教育的必要前提。苏联教育家苏霍姆林斯基指出，要把全面发展与发掘人的天赋才能结合起来，"最主要的是在每个孩子身上发现他最强的一面，找出他作为人发展根源的'切入点'，做到使孩子能够最充分地显示和发挥他的天赋素质，达到他的年龄可能达到的卓越成绩""教师的技巧在于善于察觉儿童的天赋，善于确定足以使他施展智力和创造力的领域"。当谈到帕夫雷什中学的教育经验时，苏霍姆林斯基专门提到全面和谐发展与个性发展之间的关系、相互作用。他认为人的全面和谐发展是人的个性发展的基础，而人的个性发展是全面发展中最强的一面，彼此是相辅相成、相互促进的。他认为："多年的经验向我们的集体证明，才能、天赋、人的个性只有在思想政治和公民精神成熟的背景上才会充分焕发出来。人有了坚定的公民立场，他才可能有所创新，我们应竭力赋予人个性发展的正确方向，设法把教学与教育工作安排好，不让我们的任何一个学生感到他没有才能。"法国教育家弗雷内说："学生某一方面的成功，会促使其他方面的成功。"发展人的个性特长，往往能最有效地开发一个人的个性潜能，如果个人的天赋、才能、爱好得到充分的发展，他一定会在某一独特方面获得成功。教育就在于发现每个人身上这种创造性劳动的源泉，帮助每个人打开眼界看到自己，从而成为一个精神上坚强的人。每个人的全面发展都有其自身的特点，只有充分发展每个人的智慧、兴趣、爱好和特点，才有可能做到真正的全面发展。

三、个性化教育的理论基础

（一）马克思主义关于人的全面发展理论

马克思主义关于人的全面发展理论，是针对私有制和社会分工造成的片面发展而言的，马克思、恩格斯指出"物的关系对个人的统治、偶然性对个性的压抑，已具有最尖锐最普遍的形式"。马克思主义指出人的全面发展，一是人的体力和智力、能力和智趣、道德精神、审美情趣等多方面的发展；二是人的自由发展，是"个人的独创性和自由性的发展，而每个人的发展不屈从于其他任何活动和条件，也能为人所驾驭"，于是人们才自觉地创造自己的历史，才使人类从必然王国进入自由王国。

以往我们对人的全面发展的理解，仅限于脑力劳动与体力劳动的结合，限于德、智、体、美、劳的发展，甚至五育的平均发展，然而忽略了马克思主义要求的另一面，即"使人的潜能和天资、兴趣和才能得到前所未有的充分发展，使人的身心、精神、道德、才能、个性全面而丰富地发展"。例如，一个喜欢踢球的学生，应该在体德、体智、体美等方面都要有所发展，在足球道德、足球智能、足球审美上都必须全面而丰富地发展，即个性的全面发展。因此，个性化教育要求学生在德、智、体、美、劳全面发展的基础上，更能实现个性的全面、自由和充分发展，在闪耀个性光芒的同时享受自身发展的幸福。

（二）多元化智能理论

美国心理学家加德纳对大脑两半球皮层功能定位进行研究，并借鉴了其他智能研究的成果，提出了人的"多元智能理论"，认为人的智能具有多元性，人的智能不是一个智商数就能表达的，而是由各自具有独立性的一组智能构成，虽然它们之间有一定联系，但在解决实际问题或提出有价值的创造和服务时，是某种（些）智能的内在功能或是潜于个体中的某种（些）智能发挥作用。

加德纳的多元智能结构主要有以下八种：一是言语—语言智能，二是音乐—节奏智能，三是逻辑—数理智能，四是视觉—空间智能，五是身体—动觉智能，六是自知—自省智能，七是交往—交流智能，八是自然—观察智能。每个人都具有八种智能，只是发展程度不同而已。具体到个体，其个性特征中的智能水平有强势与弱势之分，但它没有道德评价意义和给个体贴上"好生"与"差生"的标签之必要，在环境教育作用下加上自身的努力，弱势智能也可转变成强势智能，反之亦然。加德纳的"多元智能理论"否定了传统教育只看语言和数理智能的弊端，这为个性化教育提供了理论依据，教师的任务是把学生个体的优势激发出来，转化弱势智能，并形成良好的智能结构，优化外部行为，让每个学生都放射出个性的光辉。

（三）因材施教原则与差异教育观

根据一定的教育目标，针对学生的个别差异或个性差异和具体特点，采取不同的教育措施，这就是因材施教原则的要求。因材施教为孔子创始，朱熹《论语集注》云："孔子教人，各因其材。"这里的"材"指教材和学生，教材即教学材料（内容），学生即每个学生的学习基础、学习方法、学习习惯、学习心理、兴趣、爱好、性格、特点等，根据教材要求和学生特点，采用有效的教法，才能取得良好的教学效果。个性化教育要求教师承认差异、发现差异、发展差异，树立"没有差生，只有差异教育"的观念。

传统教育强调共性，忽视研究差异性，不公平地对待学生的短处，把成绩不达标的学生称为"后进生"，不承认个体差异的客观存在和存在差异的独特功能，因此多采用"求同存异、取长补短"，成为一种"补差教育"。只有在承认差异的前提下才能发现差异，有的学生尽管智力平平，但有某些方面的特点、优势和爱好，甚至某一时刻的好奇心也会被老师关注和张扬。教师在发现差异之后，就会用不同的方法给不同的学生打不同的基础，鼓励、促进学生有差异地发展，获得有差异的成功，适应国家对不同人才的需求。

第四节　个性化教育与相关概念的关系

一、个性、个性特征、人格与个性化教育

（一）**个性**

在心理学中，个性指个人的意识倾向和各种稳定而独特的心理特征的总和。可按个性心理特征和个性倾向性两个维度区分，形成俗称的外向型个性和内向型个性。

（二）**个性特征**

个性特征是那些经常的、稳定的和本质的心理特点的综合，独特的组合在个体身上有不同的表现。主要表现为需要、兴趣、能力、气质和性格等方面。

（三）**人格**

人格也是人的个性表达，但偏重于人的思想认识、智能、情感和道德方面的总和，与心理学个性中的性格相似。

（四）**个性化教育**

是教育现代化的重要特征。在教育中特别关注学生的个性特征和人格类型，据此培养学生的情商和智商，表现为人际间的情感交流和交往能力，从而增强自学、观察、分析、判断、评价、调整、创新等能力，以及自我识别、自我管理、自我判断的能力，成为需要合理、兴趣广泛、能力强大、气质高雅、性格和谐的现代人。个性化教育是尊重人的个性差异，对人的个性特征扬长避（补）短，培养健康（身体、心理、道德）人格的教育。

二、个性化教育与全面发展教育

新中国成立之后，全面发展教育被定义为对德、智、体、美、劳几方面的教育。个性化教育则如前所述，二者是可以互相促进、彼此补充的。德、智、体、美、

劳几方面的提出，有助于学生个性的健康发展，为个性发展打下了重要的基础；而学生的个性发展也有助于他们在德、智、体、美、劳几方面的提高，为全面发展提供了必要的条件。个性化教育与全面发展教育是相互补充的，是统一要求与个别对待的辩证统一；个性化教育是全面发展教育中的个性发展，全面发展教育保障了个性化教育的方向，个性化教育展现了全面发展的教育特色。因此，全面发展教育与个性化教育都体现了对人生命价值的尊重、对人的教育意义的提升。古人说"人心不同，各如其面"，这里的"心"其实是"个性"，一般理解为人与人之间的个性差异，忽略了它们的共同性和全面性，每个人都有需要、兴趣、性格等个性特征，只是表达的内容或方式上有些不同；正如每个人脸上都有五官，只是形态或功能上有些不同。我们既要个性和五官的全面发展与健康成长，也要放射它们独特的光彩，这样整个世界与人类才能在全面发展的同时更彰显五彩斑斓的特色。因此，赋予共性之中的独特性，才确定了人类中的唯一个体，这成为全面教育与个性教育辩证统一的有力例证。

三、个性化教育与特长培养

个性化教育与特长培养是整体与部分的关系，个性化教育可以且应当包含特长培养。人的不同个性特点往往最先通过一技之长反映出来，特长培养有助于个性化教育的开展与实施，有些人把特长培养等同于个性化教育，这是因为他们只看到了人与人之间能力的差异性，忽视了人的共性与其他的差异。因此，个性化教育可以从培养人的特长开始，再发展到其他方面，但绝不能用特长培养代替丰富多彩的个性化教育。

四、个性化教育与素质教育

个性化教育与素质教育是整体与部分、相辅相成的关系。素质一般由生理素质、心理素质和社会素质三个层次构成：生理素质与生俱来，是先天的遗传素质；心理素质是先天与后天的"合金"，偏重于后天因素；社会素质是后天的，这显示出素质整体结构形成的一定规律。但素质教育涉及的内容十分丰富，将人的核心素养构成分门别类，个性化教育主要属于心理素质，其以生理素质为基础，又以社会素质为延伸，所以是三类素质相辅相成的结果。如家长发现孩子持久表现出音乐天赋与潜能，与教师沟通后，学校进行个性化教育，按规律培养其音乐潜能发展，同时在社会实践中检验其音准、音色、节奏、气息等心理核心素养的发展程度，并在台风、合作、互助、表演、服务等社会素质方面加以提升，这样持之以恒，为孩子将来成为音乐人才夯实基础。

五、个性化教育与集体化教育

在学校中，学生总是学习、生活在一定的集体之中，如班集体、少先队、共青团、学校社团组织等，集体的规范、准则、制度等都给学生的个性形成带来影响，甚至打下深深的烙印。苏联教育家马卡连柯所提出的"在集体中通过集体或为了集体而进行的教育"的原则，对个性化教育是同样适用的。在学校中大部分时间都是在集体教育中关注个性化教育，因此不能把个性化教育与集体化教育对立起来，犹如"家是小的国，国是大的家"一样的道理，它们是相互包容、促进、和谐的关系。例如，在某班的数学教学中，有四道题需要学生在黑板演示，教师就随意地从每组中抽一位举手的同学上去。殊不知，这是提供了一个在集体化教学中进行个性化教学的良好机会，应该针对题目类型和要求，抽做作业时错误率较高的学生去做，而不是一味从举手的同学中去选，更不能"随意"选择。教师让错误率较高的学生去尝试，使其有二次学习的机会，同时提高全班数学教学的质量，而且能使学生从粗心到细心、从被动到主动、从应付到负责转化，其心理素质就会逐步提升。

第二章　幼儿个性化教育的园本研究与思考

第一节　研究的前期思考

一、研究的背景

（一）基于国家对于学前教育发展的要求

个性化教育是教育发展的趋势与要求。无论是《国家中长期教育改革和发展规划纲要》中的"国十条"指出"教育面向全体幼儿，关注个体差异"，还是人们对幼儿的个体差异的日益重视，都使个性化教育成为高质量幼儿教育的追求。这一理念要求幼儿园教育要让每个幼儿都能得到符合自身特点的发展空间和机会，在原有水平上得到富有个性的发展。

实现个性化教育的前提，首先是充分、全面、客观的观察了解，这样才能知晓每一个幼儿的发展水平、个性特点、兴趣爱好、学习方式等方面的独特性。然后对照评价指标，做出科学的分析，提供个性化发展的教育策略，最终实现个性化教育的目的。

尝试更加有效的观察与评价，开展幼儿个性化教育研究无疑成了幼儿园保教质量发展亟待研究的突破点。

（二）基于我园教育发展的新趋势

我园于 2001 年开办。开园初期，我们不断地思考通过哪些有效措施能促进幼儿个性更好的发展。首先我们认识到家园共育重在沟通，关键在于互动合作。《上海市学前教育纲要》指出：儿童的发展受到来自学前教育机构、家庭、社会多方面的综合影响，学前教育机构必须与家庭教育、社区教育互相协作配合，提高对儿童教育影响的一致性和有效性。因此探索一种可以实现有效沟通的常态的可实施的方式是非常必要的。其次我们认识到随着幼儿园教育改革不断深化，幼儿发展评价作为改革的瓶颈，受到了幼教工作者的广泛关注。构建符合幼教改革要求的幼儿发展评价体系，是当前幼儿园教育评价研究面临的重要课题。基于以上两方面的认识，我园变革了传统的家园联系手册，在整合多元功能的基础上，创生并开发运用《幼儿成长手册》，其目的是构建起"教师—幼儿—

家长"三位一体的沟通机制,以此积极实践本园"每时每刻关注每位幼儿的每个进步表现"的行动策略,为每个孩子积累丰实的成长故事、发展点滴,寻找幼儿成长的轨迹,探寻幼儿发展的规律。《幼儿成长手册》,自每位幼儿入园开始建立并积累,展现孩子完整的成长历程、幼儿发展的不同阶段水平和幼儿的不同个性。教师仔细收集幼儿在园三年期间一日活动的各环节中,一些颇具发展水平和个性特点的照片、作品、主题实践活动资料,注重观察、解读,注重有效教育方法的积累;教师和家长采用文字、符号等形式开展幼儿每月发展评估,体现家长和孩子富有个性的评价方式,体现幼儿发展评价主体的多元化;家长、老师将孩子在家、在园情况作为一种教育信息相互传递,有效互动,尝试有针对性地开展个别化个性化教育,促进每位幼儿的发展。《幼儿成长手册》不仅成为家园互动的有效载体,也促进了幼儿、教师、家长和学校品牌的创建。

与此同时,我园自2008年以来,不断探索多元化的幼儿发展评价模式。在对《上海市保教质量指南》进行了仔细解读的基础上,探索了综合性、专项性、日常性等不同方式的幼儿发展观察评价,实现了更加全面了解幼儿的目的,将幼儿个性化教育又推进了一步。

二、研究的问题现状

通过多年的实践,基于以上两个方面的研究,我们对幼儿个性化教育又有了新的思考,即如何探索一种系统、常态、持续的幼儿个性化发展观察和评价机制。

首先,通过大量情报综述和对我园研究实践的反思,我们发现幼儿发展观察和评价逐渐受到中外幼教工作者和学者的重视,从理论和实践层面作出了积极的探索,试图确定孩子的需要,评价孩子的发展。如白爱宝编辑的《幼儿发展评价手册》一书中提出,幼儿发展评价的方式有自然观察法、情境观察法、谈话法、问卷调查法,要求幼儿评价应与日常教育工作相结合。通过资料的查阅,我们还发现各种评价工具也广泛使用,比如儿童行为评定表、自我概念量表、社会技能测评表、发展筛查表、基于行为的访谈等,为幼儿发展评价提供了很多宝贵的经验。与此同时,我们发现,幼儿发展评价还存在很多问题,比如:

第一,从观察和评价的客观性来看,缺少科学、客观的系统观察与评价。一般缺少对观察对象、观察内容、观察时间的计划性,以教师日常活动中即时性随意观察居多,缺少持续、深入地观察,难以全面把握幼儿的发展;评价时没有依靠客观的幼儿发展指标,往往具有强烈的主观性;与此同时,在一个班级中,与教师接触较多的常常是最活泼或者是最需要关注的幼儿,一般容易忽视处于发展中间地段的孩子。以上几方面均影响了观察和评价的客观性，不利于促进幼儿个性发展。

第二，从观察和评价的实施主体来看，一般以教师观察和评价居多，家长参与较少。教师对幼儿的观察和评价的信息一般很少与家长进行沟通及互动，家长很难获得幼儿全面、科学、系统的发展信息。

第三，从观察和评价的方式来看，观念落后、评价方式单一、方式量化。一般在学期末进行总结性评价，教师在短时间内根据主观印象做出判断，以文档的方式保存后束之高阁。一方面难以获得幼儿持续、真实、客观的评价信息，另一方面缺少站在幼儿发展连续性的角度实施的观察和评价。教师很少会将评价信息与今后的教育工作进行联系，从幼儿发展需要出发，制定适宜的教育策略更无从谈起。

第四，从观察和评价的工具、策略来看，缺少科学、适宜的评价工具和策略。虽然教育工作者和学者在研究过程中总结了很多评价方法和评价工具，但没有将二者结合起来，没有形成一种有利于教师在日常活动中观察、收集、分析，获取幼儿持续、全面、系统发展信息的工具和方法。2012年国家颁布《幼儿发展和学习指南》明确提出了幼儿学习和发展的标准，列举了使用标准进行评价的一些方法，但没有设计相应的观察和评价工具，不利于教师在日常工作中学习与运用。

其次，基于研究现状进行反思，我们发现在利用《幼儿成长手册》和幼儿观察评价尝试走向个性化教育的过程中还存在以下几个问题，比如：

第一，《幼儿成长手册》中对幼儿成长内容的收集没有提出幼儿个性化发展持续性指导要求，教师对幼儿成长片段的收集记录是零星的，对幼儿个性化发展和教育更缺少系统的思考、设计与实施。

第二，没有提供幼儿发展评价相关指标，教师受到自身专业能力的影响，对孩子发展情况的观察、分析、解读是主观片面的，缺少科学依据的指导。

第三，现有的幼儿发展评价在统计和分析幼儿发展数据时需要花费教师大量的时间和人力成本，使老师无法短期内了解幼儿个性化发展情况，个性化教育实施自然困难重重。

如何使《幼儿成长手册》成为幼儿个性化教育的有效载体，使教师日常对幼儿个性化发展轨迹的收集更加具有针对性，对孩子个性化发展的分析判断更加具有科学性，从而既能提高教师观察评价和个性化教育能力，又能促进幼儿个性化发展，是我们不断思考的问题。

如何通过信息技术的研发，降低教师观察评价与数据统计分析的人力、时间成本，为个性化教育提供支持成为我园当前亟须解决的问题。

三、研究的核心概念

（一）个性化教育

是指教育要承认和关注幼儿的个体差异，在对幼儿进行综合观察评价、调查研究、分析判断的基础上，获取幼儿在发展水平、能力、经验、学习方式等方面的信息，发现幼儿优势、弱势，尊重个体差异，尊重个体发展的特点规律。采取适宜幼儿个体发展的教育策略，促进个体生命的自由充分的发展，力使每一个幼儿都能获得满足和成功的教育。

（二）观察

通过一日活动随机或者预设选择某些环节，采用自然观察和情境观察等方法，记录收集有关幼儿个体的需要、兴趣、特点、性格、优势、弱势等各种信息。

（三）评价

通过标准分析评价幼儿发展水平，对幼儿个性化教育、观察方法、评价指标的价值判断。

（四）信息技术

信息技术主要是指应用计算机科学和通信技术来设计、开发、安装和实施信息系统及应用软件。在这里特指通过软件、音视频、计算机、摄影、网络等多种现代信息化技术帮助教师在个性化教育中进行观察与评价，使教师对学生的观察更加细致、精确，从而对幼儿的评价更加到位与有效，最终改变教师的教育教学方式，促进幼儿个性化发展。

四、研究的目标和内容

（一）研究目标

本项目试图以信息技术为手段，依托观察评价工具的开发，从真实的观察开始，在积累大量幼儿成长信息的基础上，以大数据分析的方式对幼儿发展情况进行科学合理的评价，尝试走向个性化教育，产生个性化教育的成效，为建设个性化教育理论提供研究素材和实证案例。

（二）研究内容

第一，研究符合《3～6岁儿童学习与发展指南》精神和标准的幼儿发展观察方法和评价体系。包括：幼儿发展观察和评价基本理念、指标体系和组织保障。

第二，研究适宜开展的信息技术支撑下幼儿个性化教育的观察与评价的内容、标准和工具。

第三，研究有利于信息技术支撑下幼儿个性化教育的观察和评价的管理平台与机制。

第四，研究适宜推进的信息技术支撑下幼儿个性化教育的观察和评价的策略与方法。

五、研究的具体方法

（一）研究的基本方法

研究整体设计采用行动研究法：在研究过程中，根据计划对幼儿发展观察与评价的体系、策略，对依托个性化教育建设的观察评价信息平台，以及据以上信息实施的幼儿个性化教育的机制、措施，进行具体的观察、调整、反思，再观察、再调整，不断验证新方法，不断改进、不断修缮，从而逐步筛选科学的幼儿观察和评价体系与策略，以及推进个性化教育的机制策略。

（二）研究过程中的具体数据收集方法

1. 文献研究法

在研究初期，采用文献研究法对"幼儿观察与评价、个性化教育、幼儿年龄段发展目标"等相关内容进行研究，并整理有关综述，为本课题提供广阔的研究支撑与经验背景。

2. 观察法

大量进行日常真实活动中的观察和预设情境中的观察。观察内容包括幼儿日常活动和领域活动中的行为表现，以发展标准为依据，分析评价幼儿发展情况，并制定适宜个性化发展的教育措施。对"观察—评价—个性化教育"循环过程做好记录，作为研究的素材依据。

3. 调查法

以本园各层面教师为对象，采用深度访谈、问卷法等方式，收集具体典型的行为现象并进行分析，为后续研究提供依据。

六、研究的计划与安排

（一）组建项目研究核心小组，确立组织分工

组建由园长领衔，以业务园长、教研组长、软件开发技术人员为核心的项目核心小组，并确立了各自主要分工。

表2-1 研究核心小组组织分工

人员	职务	职责
组长：金晓锋	园长	主要负责顶层设计，架构项目推进的框架决策、引领项目推进审核、评价项目推进成效。
副组长：张婷、李悦、潘丽	业务园长	主要负责项目过程推进中的统筹、协调，引领项目推进过程中资料的收集与梳理，审核、评价项目推进成效。

(续表)

人员	职务	职责
实践组：张瑜、朱晨燕、刘晓宇、顾华叶、许文琴、沈渊、软件公司基础技术人员	教研组长、保育长、软件公司员工	以组长班级为试点班开展各类幼儿（生活、运动、学习、游戏、健康）个性化观察与评价的试点，并在过程中发现实际问题，提供各类信息技术支持，在解决问题的基础上，以年级组为单位实践推开幼儿观察与评价。
后勤保障：王懿　张娴	总务	提供项目推进的各类保障。

（二）开展多方沟通，提供技术专业支持

本项目自研究开始以来，与华师大教育专家、软件开发技术人员，通过现场会议、线上对话的方式，进行多方沟通，寻求幼儿教育观察评价、信息技术方面的专业支持。至今为止，已经开展了13次线上线下相结合的讨论与交流。

表2-2　研究推进内容列表

时间	人员	主要议题
2016年4月	核心成员及教师进修学院专家	1. 了解教师在幼儿个性化教育观察与评价中的实际问题。 2. 走向幼儿个性化教育观察与评价的指标制定，观察、诊断、改进实施建议。
2016年11月	项目核心组成员	对2016版幼儿观察与评价工具使用中的改进，聚焦指标、工具，实施操作策略优化。
2017年2月	园长、业务园长、进修专家	1. 对2017版幼儿观察与评价工具进行优化，聚焦美术领域观察工具的改进。 2. 项目研究方法的推荐。
2017年3月	园长、华师大专家	结合中期研究报告，对研究方向和内容做具体指导。
2017年5月	项目核心组成员	1. 2017版优化后幼儿观察与评价工具介绍。 2. 实施方式和机制的讨论。
2017年8月	园长、教师代表	案例交流：如何开展幼儿观察记录与分析。
2017年11月	园长、华师大专家	1. 个性化观察与评价研究优化建议：聚焦办园特色——美术，开展深入持续研究。 2. 以案例方式积累个性化美术教育策略与研究。以点带面。
2017年11月	项目核心组、华师大专家	1. 肯定以美术为载体，开展个性化观察与评价的研究方向和做法。肯定本课题研究的价值。 2. 优化观察评价方法，作品取样法的介绍与运用。
2018年4月	园长、业务园长、总务、软件技术人员	沟通平台开发具体内容项目，提交各类观察评价工具，提出开发要求和说明。
2018年5月	全体教师、华师大专家	1. 结合案例、现场对幼儿观察与评价做分析指导培训。 2. 优化建议：以教研组为单位确立观察评价点；开展有目的的观察评价；采用文字、照片、录像多种方式观察记录，做好素材积累。
2018年5月	核心组成员、软件技术人员	电脑平台建立，提出模块优化建议。
2018年8月	核心组成员、软件技术人员	幼儿个性化教育观察评价信息平台APP安装与实测，并提出改进建议。

（续表）

时间	人员	主要议题
2018年9月	核心组成员、软件技术人员	各类平台试运行，并提出实际操作中的问题，及时优化并解决。主要包括： 1. 幼儿成长档案："我在进步""月考核表"推送与使用，统计与分析。 2. 幼儿美术、生活观察记录、统计与分析。 3. 幼儿健康测评记录、统计与分析。 4. 幼儿成长档案家长APP尝试运行。

（三）组长试点先行，年级全面推开

在试运行的过程中，我们发现无论是平台的开发还是实际的操作都会遇到各种各样的问题。为了提高运行成效，采用组长班级试点先行，再年级全面推开的方式。要求条线各自负责人主管版面并自主与软件技术人员及时沟通，园长全面了解整体把控，有效提高了全园项目研究运行的效率。

与此同时，我们还通过新生家长会、家膳委会活动向家长介绍该项目研究的意义和阶段情况，赢得家长高度认同，为今后家园合作提供了坚实的基础。

（四）研究的计划和安排

将2016年2月—2017年8月列为研究的准备阶段。主要研究幼儿个性化教育的观察与评价体系，包括幼儿个性化教育观察与评价基本理念、标准依据、运行流程。筛选有利于幼儿个性化教育的观察与评价的内容，研发有利于幼儿个性化教育的观察与评价工具。

将2017年9月—2018年8月列为研究的实施阶段。主要研究有利于信息技术支撑下幼儿个性化教育的观察与评价的管理平台与机制。研究适宜推进的信息技术支撑下幼儿个性化教育的观察与评价的策略与方法。

将2018年9月—2019年8月列为研究的总结阶段。在各项研究内容的分报告、典型案例分析和有效经验总结的基础上，完成本项目研究的总报告并出版专著。

第二节 幼儿个性化教育观察与评价的基本体系

一、幼儿个性化教育观察与评价的核心理念

第一，以幼儿发展为本。即幼儿观察与评价的核心价值依据是幼儿发展水平，无论是观察与评价的内容、标准还是评价的最终结果，都需以真正促进孩子发展为根本落脚点。

第二，以教师发展为本。即将幼儿观察与评价和教师日常工作相结合，和教师的教育教学素养相结合，最终促进教师专业发展。

第三，循环实证改进。即通过持续、系统的幼儿观察，在对照幼儿发展标准后获得全面、客观的幼儿发展评价，通过个性化教育措施的调控，在循环实践验证的过程中不断改进教学行为，促进幼儿个性化发展，引导幼儿持续健康成长。

二、幼儿个性化教育观察与评价的标准依据

第一个观察与评价目标依据是《3～6岁儿童学习与发展指南》。

依据《3～6岁儿童学习与发展指南》中划分的"健康""语言""社会""科学""艺术"五个领域，将学习与发展目标，分解到幼儿一日活动各环节中。

第二个观察与评价目标依据是《上海市幼儿园保教质量评价指南》。

依据《上海市幼儿园保教质量评价指南》"幼儿发展"评价指标，将"体能""习惯""自我意识与自理""认知""语言能力""社会性""美感与表达"七方面评价标准，分解于幼儿一日活动各环节中。

第三个观察与评价目标依据是《生活》《运动》《游戏》《学习》。

依据幼儿园新课程四大领域，将各领域目标分解于幼儿专项活动中。

与此同时，我们也参考了《幼儿园保健手册》《让评价成为一种专业行为》等各类关于幼儿健康、幼儿学习与发展标准相关的书籍，通过比对、筛选，以补充的方式分解到幼儿发展观察与评价的标准中。

三、幼儿个性化教育观察与评价的基本流程

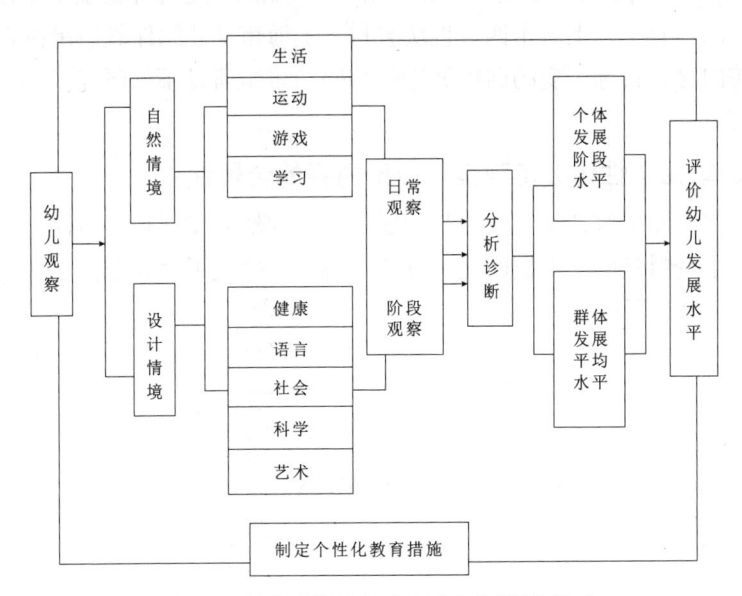

图2–1　幼儿个性化教育观察与评价流程图

教师个体和群体，通过日常自然情境下观察与评价和阶段性特定情境下观察下评价两种形式，分别对幼儿选择生活、运动、游戏、学习的不同形式、不同领域进行有选择、有针对性或者全面的观察与评价，对幼儿学习与发展中的各类信息进行收集、数据分析、诊断评价，并在此基础上制定个性化教育内容与措施，观察与评价的最终目的是促进幼儿个性化发展。

幼儿观察、分析诊断、评价幼儿发展水平、制定个性化教育措施、促进幼儿发展形成一个循环改进的过程。

第三节 幼儿个性化教育的观察与评价的内容、标准和工具

在课题研究初期，通过与教师对话和问卷调查了解到，开展基于标准的幼儿观察与评价最大困难在于缺少可操作的工具。因此，确立一日活动中幼儿发展与评价内容、标准，研发日常切实可用、易操作的幼儿发展观察与评价工具是推进幼儿园个性化教育的前提基础。

课题组成员主要围绕"幼儿学习与发展标准""幼儿发展观察与评价工具"两方面进行了资料查阅，根据幼儿园保教活动的基本形式与幼儿一日活动特点，研发了幼儿园保教质量监控与管理系列工具。在研发工具时，我们始终以《3～6岁儿童学习与发展指南》《上海市幼儿园保教质量评价指南》（"幼儿发展"部分）、《上海市学前教育课程指导》（课程内容基本经验）中涉及"幼儿发展"的内容，以上海市四大板块教材、上海市幼儿园保教质量执行常规为依据，在内容、目标不变的前提下进行编码与重组研发系列研究工具，注重以下几方面。

一、幼儿个性化教育观察与评价内容的全景性

园长室主要围绕"幼儿学习与发展标准""幼儿发展观察与评价工具"两方面进行了资料查阅，根据幼儿一日活动特点，确立了幼儿个性化教育观察与评价内容，设计了初稿。

图2-2 幼儿个性化教育观察与评价内容框架图

从图中可以看出，幼儿观察与评价表分为自然情境观察与评价表和设计情境观察与评价表两个系列，推荐分别运用于日常观察和阶段观察。

自然情境观察与评价列表主要围绕幼儿一日活动——生活、运动、游戏、个别化学习进行设计，这些环节中的幼儿处于自由、自主、自然的状态，利于教师以观察者的身份在日常随时随地开展观察与评价。

设计情境观察与评价列表主要围绕健康、语言、社会、科学、艺术（音乐与美术）五方面进行设计，这些环节中的幼儿处于特定设计的组织情境中，教师往往需要在他人组织的情况下开展观察与评价，因此这类观察与评价一般在学期某一阶段按需开展。

二、幼儿个性化教育观察与评价标准的园本性

根据幼儿学习与发展的目标，国家层面的《3～6岁儿童学习与发展指南》和上海市级层面《上海市幼儿园保教质量评价指南》，以及基于这两个层面的指南，如《生活》《运动》《健康》等不同书籍（教材）都要求保教质量监控与管理目标必须符合上述目标的要求。具体见表2-3。

表2-3 国家指南、上海指南列举

指南范畴	幼儿发展领域	对应标准	教材（幼儿活动形式）
《3～6岁儿童学习与发展指南》	身心状况	健康体态、情绪安定愉快、有一定的适应能力	健康 生活
	动作发展	平衡、协调、灵敏 力量、耐力 手的动作灵活、协调	运动 生活
	生活习惯与生活能力	生活和卫生习惯 生活自理能力 安全和自我保护	生活
《上海市幼儿园保教质量评价指南》	幼儿体能	生长发育 运动兴趣 动作协调与平衡	健康 运动
	生活习惯	餐饮习惯 作息睡眠 盥洗排泄 保护五官	生活
	自理自立	生活习惯与生活能力	生活

如何将以上标准进行有机整合？如何将各类标准落实到幼儿园保教活动基本形式和幼儿一日活动各环节中？我们在制定幼儿观察与评价标准的时候要注重以下几方面。

（一）注重对目标在环节中的分解

如国家版指南"社会"领域目标，其中一项目标指向为"人际交往"，对应标准为"愿意与人交往"，我们将这一目标分解到"个别化学习""运动""自由活动""角色游戏"等最易体现的一日生活环节中。指标重组有利于业务部门和教师根据孩子的活动顺序开展观察与评价。以中班幼儿年龄段为例。

表2-4 "社会"领域目标在中班一日活动环节分解表

指南"社会"领域目标指向：人际交往	融于个别化学习中的目标举例	融于运动中的目标举例	融于自由活动中的目标举例	融于角色游戏中的目标举例
目标1：愿意与人交往。喜欢和小朋友一起游戏，有经常一起玩的小伙伴。 目标2：能与同伴友好相处。 （1）会运用介绍自己、交换玩具等简单技巧加入同伴游戏。 （2）对大家都喜欢的东西能轮流分享。 （3）在与同伴发生冲突时，能在他人帮助下和平解决。 （4）活动时愿意接受同伴的意见和建议。	1. 喜欢和小朋友一起活动，有一定的互动能力。 2. 遇到问题能与同伴、教师进行互动和讨论，并表现出一定的思考能力和口头解决问题的能力。	愿意和同伴一起运动，有合作、竞争的意识。	1. 喜欢游戏，有自己的伙伴。 2. 有简单技巧加入同伴游戏并交换玩具。 3. 能轮流分享，不拿他人东西。 4. 发生冲突时，和平解决，不欺负弱小。 5. 愿意接受同伴意见和建议，不说谎。	1. 在启发下与别人保持联系。 2. 与同伴发生冲突或者遇到困难时，知道请老师帮助和平解决。 3. 游戏时愿意接受同伴的意见和建议。

（二）注重对核心目标的筛选

我们发现同样是幼儿生活能力的培养，在《3～6岁儿童学习与发展指南》《上海市幼儿园保教质量评价指南》《生活》《运动》《游戏》《学习》中有不同的表述方式，对于这一类型的标准，通过反复比对研读，我们选择采用最核心的培养标准。以生活领域目标为例。

表2-5 生活领域核心标准

《3～6岁儿童学习与发展指南》	《上海市幼儿园保教质量评价指南》	《生活》	我们汇总、筛选的核心标准
1. 具有良好的生活与卫生习惯。 2. 具有基本的生活自理能力。 3. 具备基本的安全知识和自我保护能力。	1. 餐饮习惯卫生。 2. 作息规律。 3. 爱清洁，有健康的盥洗与排泄习惯。 4. 保护五官，用眼卫生。	1. 做力所能及的事。 2. 文明的行为举止。 3. 保护自己。 4. 适应集体。	在来园、盥洗、午餐、点心及午睡、离园各环节中，我们将不同的目标内容进行汇总与筛选，主要包括： 1. 具有良好的生活与卫生习惯。 2. 具有基本的生活自理能力。 3. 具有自尊、自信、自主的表现。 4. 具备基本的安全知识和自我保护能力。

（三）注重目标描述的精准性

首先，目标描述要体现年龄层次性。如运动领域中动作发展项目目标为"具有一定力量、耐力"。我们根据年龄段发展目标，分别详细地描述了小、中、大不同年龄段对力量及耐力的具体要求，将幼儿3～6岁不同年龄段的发展以递进的方式同时呈现，有利于教师在观察与评价幼儿发展情况时以发展的理念进行比较和分析，有利于在长时间、多幼儿观察与评价和数据分析的基础上，判断分析现有年龄段发展目标是否合理，为优化目标提供支撑。

其次，目标描述要体现结构对应性。幼儿活动观察要点有很多，我们在设计幼儿活动观察与评价表时，第一要确立核心项目内容，第二要对应制定不同年龄段相应的项目目标。各目标与内容在结构上一一对应，便于教师把握领域核心内容，也利于教师把握各发展目标。

最后，目标描述要体现学科特殊性。幼儿园学习活动有语言、艺术、科学等不同领域，不同的学科领域对应的目标也是各不相同的，因此我们在设计观察与评价工具时，要体现幼儿不同学习活动的领域目标。尤其是个别化学习活动，除应关注学习品质以外还需要考虑到个别化学习领域的不同特点。因此在设计幼儿个别化学习活动观察与评价表时，我们除了确立针对此活动的观察项目如坚持性、好奇性、主动性、创造力及问题解决能力，在其观察与评价表后对学科领域的小、中、大目标进行了相关备注，使教师在观察和评价的时候更有针对性和目的性。

三、幼儿个性化教育观察与评价工具的操作性

（一）注重保教质量工具要素的齐全

观察与评价工具的基本元素有幼儿发展观察要点、年龄段项目目标、阶段描述、具体描述、解读分析五方面。

将项目目标放在工具表左边，便于教师在观察过程中将幼儿的发展情况与目标进行比对，得出比较客观的分析判断。

将阶段描述分为A、B、C、D四个阶段，结果性评价便于老师直接打钩，一目了然地获得孩子发展的大致情况；具体描述方便教师对幼儿的发展信息进行照片、文字记录。

解读分析便于教师对观察对象进行分析与诊断，并提出个性化建议。

（二）注重保教质量内容选择的精简

首先，筛选各年龄段重点观察与评价内容。一方面我们要对幼儿一日活动内容进行全面了解；另一方面，应该认识到因小、中、大各年龄段发展特点是不同的，选择最典型的活动项目进行幼儿发展的观察与评价才能促进幼儿有针

对性的发展。小班阶段生活能力培养是首要教育需求，中班是游戏发展最旺盛的时期，大班个别化学习能力发展明显，因此我们将生活能力、游戏、个别化学习能力确立为小、中、大幼儿观察与评价的重点项目。

其次，筛选各类活动重点观察内容。比如，生活领域在幼儿一日活动中涉及来园、盥洗点心、盥洗午餐、午睡、离园五方面。我们对类似环节进行删除，最终确立来园、盥洗、午餐、午睡为重点观察评价内容。当然也鼓励教师根据幼儿发展的特殊情况，对其他内容进行观察与评价。

通过研发幼儿发展观察与评价工具，课题组成员在使用后纷纷感觉到对幼儿开展观察与评价时有了明确的发展性的目标意识，工具也很便捷，记录开放，观察也更具体。以下是不同老师在使用后的感受举例。

C老师："幼儿一日活动组织的幼儿发展观察与评价工具可操作性很强。比如，指标描述简单易懂，便于观察者带着目标具体观察并记录。将原来不同年龄段的三张表格整理在了一张表格上，年龄段发展的序列性清晰可见，便于观察者将幼儿年龄段发展目标在潜移默化中掌握得更透彻。具体描述记录开放性高，观察者可采用文字记录、照片记录、图文并茂等各种记录方式。

J老师：在实际观察与评价过程中发现，同一年龄段孩子会呈现出不同发展阶段的状态，幼儿的发展是个性化、持续性的，而不仅仅是以年龄为基本界限的。

Z老师：将小、中、大目标汇总在一张表格上，老师观察记录时很方便，一张表格可以观摩各个年龄段，摆脱以往更换不同表格的麻烦，也便于老师在观察的时候更加清晰地评断幼儿发展水平和状态。运动领域对平衡、协调、力量、耐力等方面进行了备注，观察评价有科学参考依据，不盲目。

P老师："具体描述"一栏教师可以运用连续性照片的捕捉与简单文字相结合的方式对幼儿发展进行观察和记录。照片连续性的捕捉方式能让幼儿行为一目了然，教师只要配上相应的文字客观表述即可。这便于老师在之后的解读分析中进行有针对性的分析。个体观察捕捉的是一个人物的连续性画面，群体观察捕捉的画面则是多位幼儿同时出现在一个场景中所呈现出的不同行为。

三、研究的发现和成果

通过研究，本课题组获得的研究发现与成果分别呈现在第三章至第七章中。这里简要介绍如下。

第三章是"幼儿个性化教育中的观察"。我们阐述了观察的内涵与特点以及对幼儿个性化教育的作用，解释了依托信息技术的观察的理念和内涵，介绍了基于园本实践的信息化观察工具与方法以及相应的教师的使用案例。

第四章是"幼儿个性化教育中的评价"。我们阐述了评价的内涵与标准以及对幼儿个性化教育的作用，解释了依托信息技术的评价的理念，介绍了幼儿园是如何研发评价工具、如何在实施评价后进行信息收集与分析、数据分析后如何进行信息反馈的评价全过程。

第五章是"幼儿个性化教育的有效载体——《幼儿成长手册》"。介绍了《幼儿成长手册》编制的思路、价值与意义，编制的目的、内容与原则，以及教师在使用手册过程中幼儿个性化发展的案例。

第六章是"幼儿个性化教育的管理"。讲述了研究过程中采取了哪些方式进行有效的组织领导推进个性化教育信息化管理。说明了教师如何通过"日常观察与评价、阶段观察与评价、个性发展纵向评价"三种方法开展个性化教育的观察与评价，幼儿园如何通过"校级管理、园本教研、课程实施、环境创设"四个机制全方位推进个性化教育的观察与评价。介绍了幼儿园如何与软件公司合作构建、开发促进幼儿个性化教育的信息平台以及教师实施与管理的内容与要求。

第七章从幼儿发展、教师发展、幼儿园教育特色创建三方面讲述了该项目研究带来的成效和思考，同时对项目研究成果和困惑进行了反思和展望。

实践　实用　实效

第三章 幼儿个性化教育中的观察

第一节 概述

一、观察的内涵与特点

在幼儿个性化教育中所运用的观察方法的特点：

一是自然性。教师可以在自然状态或自然情景中对幼儿的表现有比较具体的感性认识，可随时询问想了解的问题，幼儿也能表达自己真实的想法。这样教师可以看到行为或事件的发生、发展和变化过程，从幼儿的日常生活中发掘出某些心理特点，从而进行针对性教育。而且教师可以深入幼儿内部，了解其言行的意义解释，同时，观察是人类认识世界的一个最基本的方法，是我们从外部世界取得信息，并把它变为经验的过程，是一切科学认识的起点。顾名思义，"观是看""察是思"，二者放到一起便是"一边看一边思"。因此，观察不仅是人的感觉器官直接感知人、事、物的过程，而且是人的大脑积极思维的过程。

本研究中的观察行为，第一是日常观察，即对幼儿在园"一日活动"（生活、运动、游戏、学习）的观察，要求用科学理论去分析观察到的现象，防止主观印象的"晕轮效应"。内容包括，近距离观察，保持视线接触的频度和视点的细致变化；要把观察到的结果进行分类，便于对不同表现进行不同分析与评价，且保持评价的一致性。第二是现场观察，它又可以分为参与型和旁观型。在幼儿园的参与型观察中，教师和幼儿一起生活、学习、游戏，在密切的相互接触和直接经验中教师倾听及观看幼儿的言行、表情。旁观型观察则是教师置身于幼儿活动之外，了解幼儿的发展情况，这里可发挥信息技术的作用，帮助教师收集材料，便于日后分析研究。第三是追踪观察，系统化、持续性地观察人、事、物在各个阶段上的变化发展过程。特别在幼儿个性化教育中，通过对某个幼儿的个性特征在各个发展阶段上的具体表现做详细的记录，进行科学分析，以便寻找有针对性、实效性的保教方法。

二是客观性。要有科学理论指导观察，防止主观臆断，如先入为主、片面假象和心理错觉等的干扰,影响观察的客观性。

三是目的性。因为观察是一种有目的、有步骤的认识活动,所以它始终与目的结合在一起,以便根据研究任务来确定观察对象、条件、范围、领域、内容、方法等,以保证观察有目的地进行。

二、观察对个性化教育的作用

(一)了解与理解幼儿的需要,与儿童交流,满足其需要

通过观察幼儿的面部表情和四肢动作、倾听幼儿的言语,在了解其需要的基础上,进一步理解其需求的意义,教师再以平等的姿态与幼儿交流,并满足其合理需求或劝说其放弃不合理的需求。

(二)了解与理解幼儿的行为和行为变化

通过观察幼儿的身体动作、认知、语言、情绪情感、社会性互动等几方面,了解幼儿的发展水平,在此基础上,进一步研究到达这种发展水平的原因,从而在理解的前提下,采取针对性的教育措施,提高其发展水平。

(三)有助于与家长沟通

教师把观察到的幼儿在发展中的优势与劣势告知家长,在互相交流中扬长补短,实现家园共育的一致性,提高家庭教育指导的效益。

(四)与心理学规律互相印证

教师通过观察了解与理解幼儿的需求、行为变化后,反观儿童心理学提供的心理学知识与规律性认识,或得到实证的依据,或丰富演绎的内容,更可能有所发现、有所创新。

总之,观察促使我们一线教师去思考这几个要点:为什么要观察幼儿——为了发现其独特性;观察什么——幼儿内在需要决定下的行为变化;下一步了解什么——幼儿的发展水平如何进一步提高;怎样支持幼儿——提供活动、资源,满足幼儿的合理要求,提高其身心发展水平。

第二节 依托信息技术的观察

一、依托信息技术的理念

(一)以幼儿发展为本

观察幼儿的最终指向是幼儿发展水平,无论是观察的内容、方法还是维度,其变化过程和最终结果都是以促进幼儿发展为根本落脚点。

(二)促进教师专业发展

将观察幼儿与教师的日常工作和培训、提高教师教育素养相结合,最终促

进教师专业发展和科研能力的提高。

（三）循因改进实践

观察幼儿身心发展变化的情况，溯因寻求有针对性、实效性的教育策略与措施，不断提高教育成效，如此循环实证，促进幼儿个性化发展，引导幼儿持续健康成长。

（四）合理运用信息技术

以言语、身姿、符号、图画、录音、录像、PPT文稿为媒介，通过电视、手机、计算机、互联网络等信息技术手段，快速有效地传递与反馈信息，科学管理幼儿成长，及时与家长沟通交流，达到家园共育的目的。

二、依托信息技术的内涵

教师依托信息技术，循证观察幼儿个性化发展的具体要素有以下"六问"：谁——观察对象及其基本情况；什么——发生了什么事情，具体言行与情绪表现；何时——有关行为与事件、言语情况发生的时间、持续多久、何时结束；何地——有关行为事件、言语情况是在哪里发生的，该地点有什么特殊情况；如何——该事件一开始如何发生，相关导火线是什么；为何——事件发生的直接原因与问题因素，寻找相关人员做细致调查。以上"六问"是我们个性化教育观察中的提示，还应该根据观察目的设计不同的观察内容或提纲和观察方式。

第三节　观察的方法及使用工具

一、等级评定法

参照上海市学前教育课程指南和纲要，有针对性地将我们所要观察的幼儿按照年龄特点进行小班、中班、大班分类，将一日活动各项内容进行拆分，制定观察指标。可以分为群体和个体的观察，其优势在于群体观察可以让老师全面了解全班幼儿的横向发展水平；个体观察让教师通过一个内容持续观察某一幼儿，了解其在某一领域的纵向发展水平，这类观察表可以运用在生活中的盥洗、午睡、吃饭中，也可以运用在学习、游戏的观察中。这种观察工具表可以事先以文字形式来明确行为对应的等级，指出行为的性质和程度，如分为A、B、C、D几档。这样可以对幼儿某一行为达到的标准进行量化的评定，以下是这种观察方法所使用的工具表。

表3-1 依据幼儿发展指标设计的园本化观察工具
贝贝幼儿园幼儿盥洗观察评价表（2016年版）

观摩对象：灏灏　　观察者：刘晓宇　　观摩时间：2016.11.25　　班级：小（1）班

项目	项目目标			备注
	3~4岁 A	4~5岁 B	5~6岁 C	A~C 阶段描述
幼儿发展观察要点 1.具有良好的生活与卫生习惯。 2.具有基本的生活自理能力。 3.具有自尊、自信、自主的表现。 4.遵守基本的行为规范。	1.在老师的指导和提醒下，饭前便后能洗手，洗手方法基本正确。	1.饭前便后能主动洗手，并能用正确的方法洗手。	1.饭前便后、手脏时能主动洗手，方法正确。	A- 宝宝今天的洗手方法基本正确，能看到孩子的进步。
	2.在老师的指导和提醒下会用正确的方法洗手，洗手时不玩水，洗完手后能用毛巾擦干，并将使用过的毛巾放在指定处，在点心午餐前保持小手的干净。	2.能正确洗净双手，洗手后认真擦手。	2.能正确的洗净双手，用正确的方式擦手。	A- 这名宝宝今天洗手、用毛巾的过程很好，但是在一段过程中的持续性、坚持性还有待加强。
	3.在老师的指导和提醒下，做到集体、户外、外出活动前要小便，午睡前后要小便。有大小便及时向老师提出要求。	3.在老师的提醒下，能节约用水。	3.了解水对我们生活的意义，节约用水。	A- 对于小班幼儿，在老师的提醒和指导下完成小便都能做到，但是也有个别时间有便意情况不向老师说憋着。
	4.在老师的指导和提醒下学习正确方法小便，知道在规定的便池大、小便，尿时看准便盆，不尿在外边，人多时愿意等待。	4.在老师的提醒下，能用正确的方法擦屁股。	4.能用正确的方法擦屁股。	A 男孩子小便情况相对女孩子来说比较好，方法也正确，没有发现周围地上有小便。
	5.在老师帮助下擦屁股，塞好内衣。	5.自己的事情尽量自己做，不愿意依赖别人。	5.自己的事情自己做，不会的愿意学。	A- 只能拉好裤子，塞好内衣在现在的季节相对较难，都要老师帮忙。

31

（续表）

观摩对象：灏灏		观察者：刘晓宇		观摩时间：2016.11.25	班级：小（1）班
项目	项目目标				备注
	3~4岁 A	4~5岁 B	5~6岁 C	A~C 阶段描述	
具体描述	起床准备吃点心了，今天西瓜组宝宝照例进了盥洗室，西瓜组宝宝里有一位"小明星"：因为经常有宝宝会"告状"说灏灏洗手玩水了，所以几乎每次盥洗前都会和孩子们提示洗手的要求，然后就让孩子们去洗手了，今天我就跟在了他的身后，他就开始洗手了。他先挽起袖子，打开水龙头把手打湿，再抹上洗手液，动作有点缓慢，时不时地看看后面有人没有，抹好洗手液后就开始搓手，我看到他先手心搓手心—左手手心搓右手手背—右手手心搓左手手背，洗着洗着就玩起了泡泡，玩得可起劲啦，不过没一会儿他收回了心，打开水龙头冲手了，手还没干净他又把水关了，为什么呢？噢，原来他还没有用洗手液洗指尖呢，双手交替把手指尖放在手心攥洗后，开水龙头把小手冲洗干净了，然后用手心捧起水把水龙头冲干净，关好水龙头。整个洗手的过程虽然在时间上有点长，但是我很高兴他能够用正确的洗手方法洗手，也能够克制住自己玩的心理，不再玩水。					
解读分析	1. 今天跟踪观察了一名幼儿，观察他的盥洗情况，因为他平时玩水的情况比较多，所以特别留意，通过观察发现马宇灏本身就是比较活跃的孩子，所以周边一切事物对于他来说都很好玩。而今天在观察的时候发现，他旁边的孩子洗手非常认真，宝宝也受了旁边孩子的影响，在洗手过程中按老师教的方法认认真真地走了一遍，他的表现可以看出其实榜样示范在他身上起到很好的作用。我们在鼓励表扬宝宝的同时也要再提醒下孩子，洗手的质量好，速度也需要跟上。 2. 另外，在观摩他洗手的同时也看到了周边几名幼儿在洗手的过程中，排队、如厕的习惯养成得还不错，男孩子拥挤的现象没有，但现在最大的问题就是因为天冷衣服穿得多，班级里85%左右的孩子自己会穿裤子，但是不会塞好内衣，这也是接下来有待指导和加强的地方。				

表格的记录方法1：段落式文字＋连续性图片。可以借助观察与评价工具，以一组照片和文字、录像的方式对幼儿某一方面的言行进行全程、连续的观察记录与评价。

贝贝幼儿园幼儿午睡活动观察评价表（2016年版）

观摩对象：丁丁		观察者：潘丽		观摩时间：2017.3.1	班级：小（1）班	
项目	项目目标			备注		
	3~4岁 A	4~5岁 B	5~6岁 C	B~C 阶段描述	具体描述	
幼儿发展观察要点	1.具有良好的生活与卫生习惯。	1.初步养成按时午睡的好习惯。	1.每天养成按时午睡的好习惯。	1.知道睡眠对于健康的意义，增强睡眠的自觉性。	A	1.入睡准备（12:00-12:10）
	2.具有基本的生活自理能力。	2.在老师的指导或帮助下，学习有顺序地穿脱衣服、鞋子、扣纽扣，分清左右鞋子和衣服的正反面。	2.能自己穿脱衣服、鞋袜、扣纽扣。	2.能熟练穿脱衣服、鞋袜、扣纽扣。	A-	

（续表）

观摩对象：丁丁		观察者：潘丽		观摩时间：2017.3.1		班级：小（1）班
项目	项目目标				备注	
	3~4岁 A	4~5岁 B	5~6岁 C	B~C阶段描述	具体描述	

项目	3~4岁 A	4~5岁 B	5~6岁 C	B~C阶段描述	具体描述
幼儿发展观察要点	3.具有自尊、自信、自主的表现。 4.遵守基本的行为规范。 5.具备基本的安全知识和自我保护能力。	3.在老师的指导或帮助下，做好午睡前的准备，起床后学习整理被褥。 4.睡前入厕，入寝室走路轻，保持安静。 5.在老师的指导和帮助下，安静入睡，不蒙头睡，不趴睡，养成良好的睡眠习惯。 6.有困难会主动叫老师帮忙。	3.能整理自己的物品，如玩具、书本、笔等。自己的事情尽量自己做，不依赖别人。 4.睡前入厕，入寝室走路轻，保持安静。 5.安静入睡，不蒙头，不趴睡，养成良好的睡眠习惯。 6.睡前身体有不适能及时告诉老师。	3.自己的事情自己做，不会的愿意学。能控制自己的行为，不影响他人入睡。 4.睡前能主动入厕。 5.自觉安静入睡，有良好的睡眠习惯和睡姿，起床不磨蹭。 6.睡前身体有不适能及时告诉老师。	A- A A A-	（1）将裤子脱下幼儿能独立完成，但脱上衣还是需要老师的帮忙。 （2）折叠衣服的时候，幼儿没有马上钻进被子里完成，而是在被子外折叠衣服。 2.幼儿入睡姿势：平躺 3.起床过程（14:15—14:25） （1）幼儿不认识衣服的正反面，也没有主动向老师请求帮助，因为不会而急哭。 （2）穿裤子也需要老师的帮忙，穿鞋子孩子可以独立完成，而且左右脚都能穿脱正确。 4.床铺的整理不会，老师帮助完成的。
解读分析	1. 幼儿能按照教师的指导顺序穿脱衣裤，但对于衣服和裤子的正反面不认识，因此穿衣服需要老师的帮忙。 2. 幼儿发生困难，并没有主动要求教师的帮助，急哭了，教师才进行帮忙。对于这类胆子较小的孩子来说，教师可以用关心的语气问一下孩子需不需要帮忙。 3. 床铺的整理完全不会，需要老师全程帮忙。 4. 幼儿整体穿脱衣裤的能力还是比较弱的，需要教师进一步关注与指导，也需要同家长进行及时的沟通，做好家园一致性的教育。				

表格的记录方法2：关键性文字+关键性图片。文字与图片的记录方式是十分详细的，教师拍摄关键性的图片并结合关键性文字的方式，能让自己与他人更清楚地了解幼儿的活动情况。

贝贝幼儿园幼儿盥洗观察评价表（2016年版）

观摩对象：全体幼儿　　观察者：幼儿园教师　　观摩时间：2016.12.8　　班级：小（1）班

项目	项目目标			A~C 阶段描述	学号				
	3~4岁 A	4~5岁 B	5~6岁 C		1	5	6	7	8
幼儿发展观察要点 1.具有良好的生活与卫生习惯。 2.具有基本的生活自理能力。 3.具有自尊、自信、自主的表现。 4.遵守基本的行为规范。	1.在老师的指导和提醒下，饭前便后能洗手，洗手方法基本正确。	1.饭前便后能主动洗手，并能用正确的方法洗手。	1.饭前便后、手脏时能主动洗手，方法正确。	A 30% A- 65% B 5%	A	A-	A	A	A-
	2.在老师的指导和提醒下会用正确的方法洗手，洗手时不玩水，洗完手后能用毛巾擦干，并将使用过的毛巾放在指定处，在点心午餐前保持小手的干净。	2.能正确洗净双手，洗手后认真擦手。	2.能正确的洗净双手，用正确的方式擦手。	A 40% A- 50% B 10%	B	A	A-	A-	A
	3.在老师的指导和提醒下，做到集体、户外、外出活动前要小便，午睡前后要小便。有大小便及时向老师提出需求。	3.在老师的提醒下，能节约用水。	3.了解水对我们生活的意义，节约用水。	A 75% A- 15% B 10%	B	A	A	A	A
	4.在老师的指导和提醒下学习正确方法小便，知道在规定的便池大、小便，尿时看准便盆，不尿在外边，人多时愿意等待。	4.在老师的提醒下，能用正确的方法擦屁股。	4.能用正确的方法擦屁股。	A 70% A- 15% B 15%	A	B	A	B	A
	5.在老师帮助下擦屁股，塞好内衣。	5.自己的事情尽量自己做，不愿意依赖别人。	5.自己的事情自己做，不会的愿意学。	A 25% A- 75%	A-	A-	A-	A	A-
解读分析	1.从观摩幼儿现场盥洗看，小班孩子基本都能在老师的提醒下仔细洗手，专注度和方法基本正确。 2.从指标看表现在出现的最大问题是小朋友擦屁股的方法还需要提醒，塞好内衣基本不会，都是老师帮忙。								

表格的使用方法 3：关键文字 + 阶段符号。使用这种方法时一般由几个老师共同组成观察评价小组，每人同时负责观察数名幼儿，将各自观察信息用关键性文字进行记录，在最短时间内用阶段符号记录全体幼儿的发展信息。

二、抽样法

（一）时间取样法

时间取样法是指在选定的时间内进行观察，对观察对象在这一时间段或是这一时刻发生的各种行为表现和事件做全面的观察和记录，这种观察方法中可以随机选取时间，也可以选择可能发生典型行为或事件发生相对集中的时间。

表3-2 依据事件的发生时间设计的观察工具

观察：

观察目的：观察4岁目标儿童C在室内运动中的情况。

观察目标：观察并记录C选择运动游戏的项目，并记录其使用器械的时间。

环境：走廊。

时间段	注意时间（分）	行为
9:30—9:33	3	帮老师一起布置场地
9:33—9:35	2	运动前热身运动，当老师说到"谁要玩攻打灰太狼"时，她举手了
9:35—9:44	9	幼儿先走过梅花桩，跨栏，然后进行单双脚跳圈，最后拿起小球打中灰太狼，从左边返回
9:44—9:45	1	垫毛巾
9:45—9:50	5	休息
9:50—9:56	6	又开始拿球准备攻打灰太狼
9:56—9:58	2	收拾玩具，排队

走廊一：
走廊二：

灌篮高手

结论：幼儿能主动地帮助老师布置场地，在热身运动的过程中选定了自己想要玩的项目，且长时间专注，能玩很久。热了能主动地垫毛巾休息。休息好了继续选择这个运动项目去运动。

表格的使用方法：在整个活动时间内，选择几个有代表性的时段进行观察，现场记录幼儿的行为。

（二）事件取样法

观察事先选择好的特定事件，如下表是观察中班幼儿在能力测试时使用到的表格，在幼儿发展水平测试中使用该表格可以更加直观地了解到该班幼儿在某一领域里的发展水平，也可以横向比较孩子之间的发展差异，这样比较直观，

35

记录也简洁明了，便于后续统计数据、进行整理，这一抽样观察的优势在于以最小的成本获得最大的成效。

表3-3 依据特定事件设计的观察工具

小班幼儿发展水平观察表（部分）

幼儿总人数：4　　　　　　　　观察人：张老师

观察内容	目标参考	编号：1 达到	编号：1 未达到	编号：2 达到	编号：2 未达到	编号：3 达到	编号：3 未达到	编号：4 达到	编号：4 未达到
1.请小朋友选一个自己喜欢的座位坐下来。	能找到自己的座位，不争抢。	✓		✓		✓		✓	
2.看老师搭雪花片。（搭一朵小花，接插的技能）	对教学内容感兴趣，能进入学习情境，注意力较集中，乐于动手、动脑。		✓	✓		✓		✓	
3.说说你想搭一朵什么颜色的雪花片。	初步了解并遵守活动规则。（举手、倾听、等待）	✓		✓		✓		✓	
4.请每个小朋友搭一朵和老师搭的形状一样的小花。（老师说"开始"后，拿取雪花片）	能安静地按照老师的要求参与活动。未经过允许，不随意摆弄桌面的学具、学习用品。	✓	✓	✓		✓		✓	
5.搭完的小朋友，请你把所有的雪花片放回篮子里。	鼓励并引导孩子共同参与整理学习用品，学习简单的整理方法。	✓		✓		✓		✓	
6.文明礼貌。	离开活动室前把椅子塞好。	✓		✓		✓		✓	
	离开活动室能主动跟老师再见。	✓		✓		✓		✓	

表格的使用方法：从事件一开始就根据幼儿的行为进行简单的记录，可以以简单的符号记录直至结束。

三、叙事记录法

采用叙述的形式来描述行为，是一种正式的记录方式。其优点在于：首先，在自然条件下，可以事先确定好内容，用平实的语言记录幼儿活动时大量的细节。其次，它具有持久性，记录保持得越久越有价值。对比不同阶段的记录，可以发现幼儿的进步。

表3-4　依据事件发展设计的观察工具

观察对象：骁骁	观察时间：9:00—9:10	观察者：张老师

观察目标：观察幼儿拍皮球时的步伐移动、手部动作、手眼协调以及连续拍球的个数。

观察实录：
骁骁这次选择了拍皮球游戏，1分钟后，骁骁对我说："老师，你看我拍，我能拍好多个呢！"我说："好的。"只见他快速地开始拍了起来，他甩动手腕，一下一下非常有节奏也非常稳地拍了起来，他移动的频率不高，小步移动着，而我也在帮他数着拍球的个数："1、2、3、4……"骁骁拍得很专注，1分钟结束他拍了55个。我说："你真棒呀！"骁骁露出了开心、自豪的表情。

解读分析：
骁骁连续拍球的数量达到了55个，手部动作灵活，有力量，步伐很稳，没有很急躁，非常有节奏地在拍。手眼协调，就算中途短暂停顿，也能快速地继续拿球接着拍。骁骁拍球时很自信，也非常喜欢拍球。

评价：
与班级里其他幼儿相比，骁骁表现了较好的身体运动能力。

建议：
支持幼儿探索皮球的多种玩法，拓展运动经验和能力。

表格的使用方法：可以采用结构化的记录方式。比如，有详细的事件和目标，确定好标准，如日期、时间段、观察谁以及观察时的情景描述、目的目标等。表格的设计也可以根据自己的要求进行个性化的设计。

四、信息化图表法

将观察到的幼儿活动情况利用信息化图标进行数据统计，其优势在于无须过多的描述性语言，就可以通过图表数据更加直观地看出幼儿在某次事件中或使用是一段时间内的活动情况。

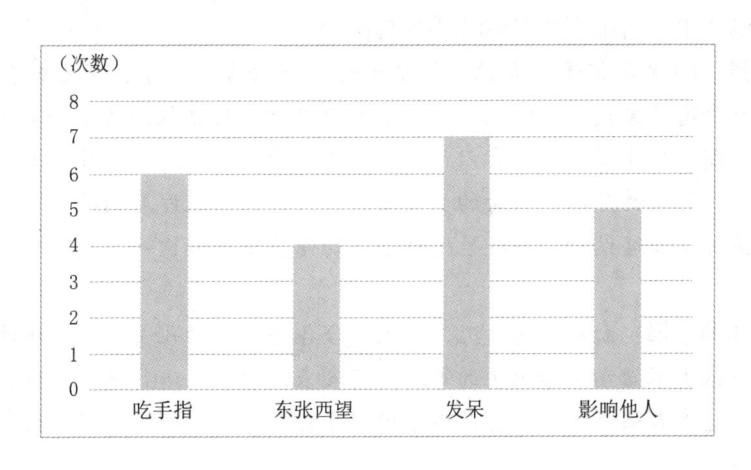

表3-5　依据数据设计的观察工具

37

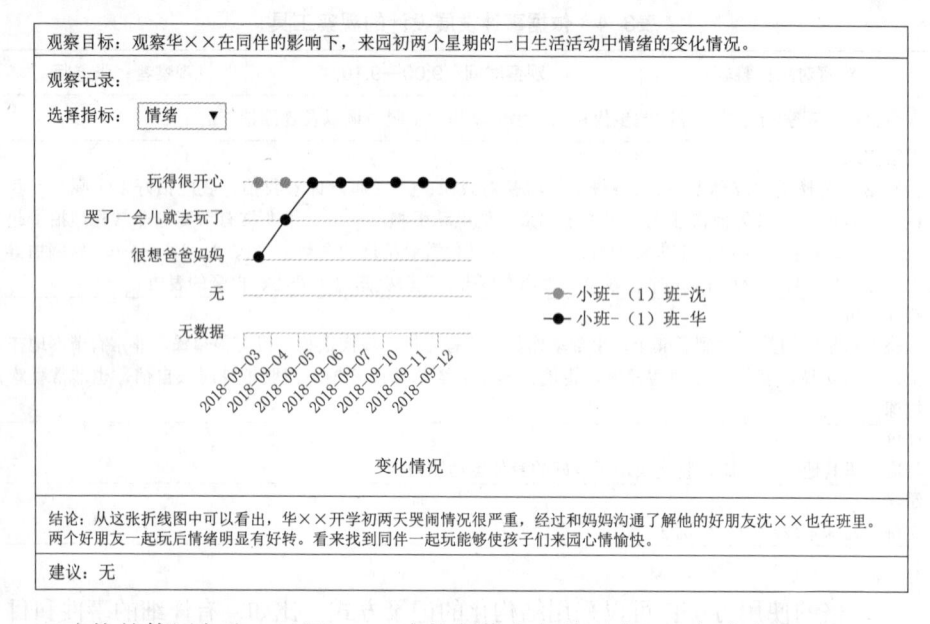

观察目标：观察华××在同伴的影响下，来园初两个星期的一日生活活动中情绪的变化情况。
观察记录： 选择指标： 情绪 ▼ *(折线图：横轴为日期 2018-09-03 至 2018-09-12，纵轴指标由下至上为"无数据、无、很想爸爸妈妈、哭了一会儿就去玩了、玩得很开心"；图例：小班-(1)班-沈、小班-(1)班-华)* 变化情况
结论：从这张折线图中可以看出，华××开学初两天哭闹情况很严重，经过和妈妈沟通了解他的好朋友沈××也在班里。两个好朋友一起玩后情绪明显有好转。看来找到同伴一起玩能够使孩子们来园心情愉快。
建议：无

表格的使用方法：运用 Excel 表格制作出各种图表，比如直方图、饼图、柱状图、折线图等，利用数据记录分析幼儿在各种活动中的发展情况。

第四节　观察方式的案例与反思

一、跟踪式的观察

即定人观察法，指明确某个幼儿作为观察对象后，对该幼儿进行系统、细致的观察。这种方法有助于教师了解幼儿的发展变化。

案例 3-1[①]：小班幼儿绘画水平的提高

背景：绘画是孩子的天性，是孩子的一种语言，孩子会拿笔就会涂鸦，会涂鸦就会有绘画创造的源泉。伴随孩子的整个成长过程，幼儿的绘画能力与水平也不断地发生着变化。在以往的幼儿观察中，幼儿进行创作，老师从旁观察并记录，记录的是孩子当时的创作情况且停留在幼儿发展的某一个阶段，随机的记录并不能连续性、系统性地对幼儿的发展变化做出一个更科学、有效的比对。

工具的选择：面对这种情况，我们结合各年龄段幼儿美术能力培养目标，设计了一张美术活动（绘画）的等级评定表来，对幼儿进行更加细致、有依据的观察。这种表格记录的优势是观察内容指标化，让老师根据同一内容持续对

---

① 案例提供人：杨希

某一幼儿进行观察，了解其在这一领域的纵向发展水平。这样的表格记录更直观、更有对比性，继而观察者可以根据目标更精准地看出幼儿发展的水平，以便采取相对应的措施帮助幼儿提高某方面的能力。

为了对孩子的特点和绘画能力有更多的了解和研究，上学期我针对我们班的甜甜小朋友进行了美术活动的跟踪对比。下面是第一次的观察。

观摩对象：TT		观察者：杨希		观摩时间：2017.9		班级：小(4)班	
项目		项目目标			A－C阶段描述	备注 具体描述	
		3－4岁 A	4－5岁 B	5－6岁 C			
幼儿发展观察要点	情感态度	喜欢参与绘画活动，能愉快大胆地作画。	喜欢用自己独特的绘画语言表达自己的想法和感觉。	自己能安排画面，尝试在画面体现出对称、变化等形式美。	A		
		初步认识绘画工具，使用蜡笔、水彩笔、棉签等工具进行涂染。	尝试运用不同的绘画工具表现不同效果的作品。	知道运用不同的绘画工具和材料表现不同效果的作品。	A		
		认识基本颜色，愿意在涂抹过程中把画面画满。	认识常见的固有色，会选择和物体相似的颜色，初步有目的地设色、配色。	具有一定的配色意识，能运用对比色、相似色、同种色等多种配色方法。	A		
	认知技能（绘画）	学会辨别与绘画不同的线条，并能表现线条的方向、粗细、疏密。尝试用简单的基本图形表现物体的轮廓特征。	能较为准确地把握形状的基本结构、各种线条。	认识物体的整体结构和各种空间关系，初步在绘画作品中体现，如远近、遮挡。	A		
		初步学会用图形和线条组合创造各种图式。	学会运用图形组合的方法，表现物体的基本部分和主要特征。	能较为灵活地表现各种人物、动物的动态。	A		
			在教师的引导下，能围绕主题安排画面，能表现出物体的上下、左右位置。	能有目的地安排画面，表现一定的情节，并变化多样地安排画面的方法。	A		
	行为习惯	1. 想到什么就做什么，混乱中完成作品，作品有缺陷。2. 工具一片混乱，用完乱放，取时找不到。	1. 弄错步骤，发现后主动订正，完成作品。2. 工具大致保持原位，错放后能找到。	1. 有顺序、有步骤地完成作品。2. 保持工具材料的固定位置，取时取用，用后放回。	A		
解读分析		1. 宝宝全程比较专注，对于绘画也是比较感兴趣的。2. 在涂色上，孩子的颜色选题随意，只是选取自己喜欢的颜色，她认为单一的颜色不好看，五颜六色好看，没有考虑到苹果本身的颜色要求。3. 绘画布局有所欠缺，知道涂色要在框里，但是格局比较小，完成作品后，苹果里还有很多空白的地方。					

观察甜甜的绘画，参照表格中的美术发展能力指标后，我发现甜甜涂色中出现的一些问题。

1. 颜色的选择

活动中，老师给孩子提供了有边框的苹果，活动前，也和孩子一起讨论了苹果的颜色，但甜甜还是选择了五颜六色地涂完她的苹果。在她眼里，这是最美的颜色。女孩子偏爱粉色，不管实物具体什么颜色，她觉得粉色就是最好看最喜欢的色彩，她要将这么美好的颜色送给小苹果。

2. 涂色布局狭小

小班孩子刚刚进园，他们的注意力、自控能力差，绘画发展水平也正处于涂鸦期。由于他们年龄小，手部小肌肉群发育不够完善，手部气力不够且动作不够灵活，加上他们绘画的目的不太明确，又没有一定的技能基础，所以他们只是把绘画当作一种游戏，随自己的爱好任意涂抹，画出的物体不太规范，似像非像，让人难以捉摸。精细动作发展还有待提高，对于她来说涂满整个苹果很费体力和精力，也没有完整涂满的意识，所以她将颜色主要放在了苹果的中间，边上几乎都是空白。

了解了甜甜在绘画中出现的问题后，我们也采取了一些策略来帮助她。

|为了孩子个性的绽放|

■绘画涂鸦是孩子获得想象力的有效途径。天不一定是蓝色的，太阳也不一定是红色的。在孩子的眼中，在绘画的世界里，什么都可以！对于甜甜粉色的苹果，老师给予了肯定。但是美术作品的美观也直接影响幼儿的自信心。面对孩子的想象要保护、作品要美观的宗旨，我们在提供的材料上进行了改动，如暖色调和冷色调颜料的分开提供，使得幼儿最后的成品美观大方，对自己充满信心。

■对幼儿中好的作品进行分享，有利于提升集体经验，让幼儿感受怎样的涂色方式比较美观，从而模仿并内化为自己的经验。在幼儿平时绘画时，多给予鼓励，使其更加自信，大胆绘画。

几个月后，我们又一次对甜甜在绘画时的状态进行了观察。

项目		项目目标			备注	
		3~4岁 A	4~5岁 B	5~6岁 C	A~C 阶段 描述	具体描述
幼儿发展观察要点	情感态度	喜欢参与绘画活动，能愉快大胆地作画。	喜欢用自己独特的绘画语言表达自己的想法和感觉。	自己能安排画面，尝试在画面体现出对称、变化等形式美。	A	
	认知技能（绘画）	初步认识绘画工具，使用蜡笔、水彩笔、棉签等工具进行涂染。	尝试运用不同的绘画工具表现不同效果的作品。	知道运用不同的绘画工具和材料表现不同效果的作品。	A	
		认识基本颜色，愿意在涂抹过程中把画面画满。	认识常见的固有色，会选择和物体相似的颜色，初步有目的地设色、配色。	具有一定的配色意识，能运用对比色、相似色、同种色多种配色方法。	A+	
		学会辨别与绘画不同的线条，并能表现线条的方向、粗细、疏密。	能较为准确地把握形状的基本结构、各种线条。	认识物体的整体结构和各种空间关系，初步在绘画作品中体现，如：远近、遮挡。	A	
		尝试用简单的基本图形表现物体的轮廓特征。			A+	
		初步学会用图形和线条组合创造各种图式。	学会运用图形组合的方法，表现物体的基本部分和主要特征。	能较为灵活地表现各种人物、动物的动态。		
			在教师的引导下，能围绕主题安排画面，能表现出物体的上、左右位置。	能有目的地安排画面，表现一定的情节，并尝试多种安排画面的方式。	A	
	行为习惯	1.想到什么就做什么，混乱完成作品，作品有缺陷。2.工具一片混乱，用完就放，取时找不到。	1.弄错步骤，发现主动纠正，完成作品大致保持原貌，绘画后能找到。	1.有顺序，有步骤完成作品，保持工具和材料的固定位置，用时取出，用后放回。	B	
解读分析	1.大艺术活动中，孩子能模仿教师的作品，进行背景涂色，涂色时胆子不够大，有点放不开，在老师的鼓励下动手开始接大，直到整张作品涂满背景色。 2.绘画时十时分很仔细，小心翼翼地把小核干画出来。 3.左后点上梅花，撒上亮粉进行装饰。					

通过指导以及再次对比小班幼儿的美术发展目标后，发现了孩子的进步。

■孩子乐于进行绘画，敢于尝试使用多种不同的材料进行绘画创作。

■布局合理大胆，整棵梅花在图纸的中间，还为作品添加了背景色，很吸引人。

■颜色美观合理，脱离了无意识的涂鸦。不失自己的想象力和理解力，没有选取梅花固定的红色，而是用了清新干净的白色。

通过两张表格的对比，更加直观地看出了孩子能力水平的发展，明白有哪些问题和不足，更好地加以改进；哪些是发展的亮点，在以后的活动中可借鉴到其他孩子的身上。甜甜的整个美术能力发展也更加一目了然，在以后的教育中能更加有针对性地对其进行引导。

案例 3-2[①]：从"配角"到"主角"

背景：

角色游戏对于中班孩子来说并不陌生，很多幼儿都能够积极主动地参与游戏活动，进行买卖和装扮，但是仍有个别幼儿在活动中始终处于被动活动的地位。鸣鸣就是这样一个孩子，平时我也经常与家长沟通孩子的一些问题，例如我们应该如何指导及其根据，为了让家长们更直观地看到老师观察和跟进孩子的情况，我尝试使用了游戏活动观察表，里面的等级评定指标能够更立体更直观地让家长了解孩子，下面是一次幼儿游戏后的观察和跟进。

● 充当"配角"的鸣鸣

时间：2017.10.16

贝贝幼儿园幼儿游戏活动观察评价表（2016年版）

观察对象：池翊鸣		观察者：刘晓宇		观察时间：2017.10.16		班级：中（1）班
项目	项目目标			A~D阶段接近	备注 具体描述	
	2~3岁 A	3~4岁 B	4~5岁 C	5~6岁 D		
幼儿发展观察要点	游戏态度	角色游戏无目的性	游戏中有时会要换目的	事先定好游戏主题，有目的地玩	事先定好游戏主题，有目的地接续玩	B	今天的角色游戏里，米奇对鸣鸣说：今天你做我的宝宝吧。然后鸣鸣就真的在娃娃家里当起了小宝宝，他的妈妈米奇对他说：你坐在这里，我去烧菜给你吃。鸣鸣"哦"了一声，然后乖乖地坐在小椅子上，米奇妈妈烧了很多菜，一盘一盘往桌上端，鸣鸣宝宝呢，乖乖地坐着，一直等到米奇妈妈菜上齐了，对他说：宝宝，我们吃饭吧。
		不愿参与游戏	在别人带领下参与游戏	能参加现成的游戏	主动地游戏		
	角色意识	不能明确所扮的角色	能明确所扮的角色	能主动地担任角色	能担任主要角色	B	
		不按角色职责游戏	有时按角色职责游戏	基本能按角色职责游戏	一直按角色职责游戏		
	游戏认知	游戏情节单一	有一系列游戏情节产生	能够创造情节	创造性地产生游戏情节	B	
		凭兴趣使用材料	按角色需要使用材料	创造性地使用材料	为游戏角色设计制作材料		
	社会性水平	无游戏组织行为	基本能完成配角色	能出主意使别的幼儿进行下去	领别人玩，教别人玩	B	
		自己玩，不和人发生联系	与别人偶尔有联系	在启发下与别人保持联系	明确角色关系，互相配合联系		
		不能解决游戏纠纷	不能解决游戏纠纷，会争斗	知道请老师帮助解决纠纷	能自己同周伴协商解决纠纷	B	
	习惯	不爱护玩具，不愿意整理玩具	愿意和老师一起整理玩具	能和同伴一起整理好玩具	爱惜玩具，玩后玩具分类摆放整齐	D	
解读分析	鸣鸣是班级里年龄比较小的孩子，爸爸妈妈在经营一些小生意，陪伴的时间比较少，平时也主要由奶奶接送。奶奶说鸣鸣平时在家中话也不多，很乖巧。爸爸妈妈忙，鸣鸣从不会纠缠爸爸妈妈，常常一个人在家搭积木、画画。从观察情况看，孩子一直处于比较被动的状态。					
建议	1.教师可以在游戏环节中充当角色和孩子进行互动。 2.讲评中让鸣鸣进行情境学习，丰富幼儿经验。					

● 分析与策略

鸣鸣是班级里年龄比较小的孩子，爸爸妈妈在经营一些小生意，陪伴幼儿的时间比较少，平时也主要由奶奶接送。奶奶说鸣鸣平时在家中话也不多，很乖巧，爸爸妈妈忙，鸣鸣从不会纠缠爸爸妈妈，常常一个人在家搭积木、画画。

在多次的游戏观察中，我也发现，鸣鸣小朋友始终处于"被动"的地位。往往担任被动角色，如母子中的幼儿、医生的病人、理发师的顾客；有时在游戏活动中被同伴任意支配，处于从属的地位。鸣鸣平时就是一个有点内向的幼儿，不会主动与别人交往，在游戏中反应比较迟钝，无法跟上其他幼儿游戏的步伐，

[①] 案例提供者：刘晓宇

不能获得充分的游戏权利和发展，长此以往，幼儿亲社会行为和亲同伴行为的水平很难得到提升，容易产生自卑心理，缺乏自信心。怎样发挥幼儿在角色游戏中的主动性和积极性呢？我采取了以下策略。

（一）讲评中让鸣鸣进行模仿学习，丰富幼儿经验

看看、摸摸、猜猜、讲讲、学学、做做等多种感官参与是小班幼儿喜欢的活动形式，对于小班幼儿来说在角色游戏的集体讲评环节要采用多种形式让幼儿自然习得经验，丰富游戏情节，推进游戏发展，常用的讲评方式有拟人交流法、情境再现法、抛砖引玉法等，但是，针对鸣鸣的情况，我特别会加入模仿学习的环节。

例如，在角色游戏中，娃娃家的妈妈把宝宝照顾得特别好，帮宝宝穿衣服，给宝宝洗脸、洗澡、喂奶粉、带宝宝逛街，还唱儿歌哄宝宝睡觉。在讲评环节，我请这名幼儿把照顾宝宝的情景再演示一遍，然后，请鸣鸣现场学一学妈妈的好样子，刚开始的时候鸣鸣有点害羞，但是，她还是照着样子做了一回好妈妈，于是，我引导鸣鸣：鸣鸣也可以做一个好妈妈，下次你也去娃娃家当一回妈妈吧。鸣鸣的回应是：好。然后笑了。

模仿学习让鸣鸣在真正的角色游戏之前巩固和习得经验，增强信心，让她有成功的体验，这应该是为证明鸣鸣能积极主动参与游戏而迈出的第一步。

（二）给予鸣鸣充当"主角"的机会

每次的角色游戏之前，总有幼儿自选游戏角色的环节，当大家嚷嚷着要为自己选个"好角色"时，鸣鸣给人的感觉总有些茫然和不知所措。有一次，鸣鸣的奶奶说"鸣鸣也想去花店卖花"，才让我意识到其实鸣鸣也有表现的欲望和想法，但是，因为个性的原因，她自己的想法往往会被埋没和忽视，而她顺从的性格往往被大家推来推去变成了各种"顾客"。于是，在自选角色的环节，我有意识地放慢了节奏和步调，有意识地等待鸣鸣，也给她选择的时间和机会。这时鸣鸣会在犹豫中举手并选择，但是，我认为，我已经帮助幼儿迈出了主动参与角色游戏的又一步。

（三）以玩伴身份介入，推动鸣鸣游戏水平的发展

教师在游戏中担当一定的角色，和幼儿一起游戏，这样能够近距离观察幼儿的游戏状态。

有一次，鸣鸣在小医院里当医生，可是，医院里一个病人也没有，于是，我捂着肚子到小医院，说：鸣鸣医生，我的肚子疼得厉害，你帮助我看一下吧。鸣鸣看了我一眼，用听诊器在我的胸前听了一下，没有说话。我问：怎么样？她说：还好。然后，她又摸了摸我的肚子，没有说话。我又问：我是不是吃错东西了？她说：你吃了什么？我说：哦，昨天的西瓜没有吃完，我把它吃掉了。

鸣鸣又说：可能是坏西瓜，给你打一针吧！……过了一会儿，我又来到小医院：鸣鸣今天的小医生当得真好，等会儿把你当小医生的事情和大家说一说好吗？鸣鸣轻声说：好的。

● 鸣鸣也能当好"主角"

时间：2018.5.12

● 鸣鸣的变化

经过几个月的观察和引导，我们可以从观察记录表的指标中，看到孩子明显的变化：

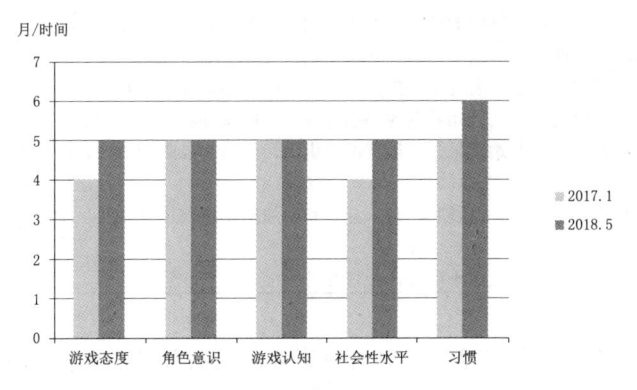

我们可以从图表中看到，孩子在游戏态度、社会性水平、习惯三方面都有了明显的提升，说明孩子在游戏过程中渐渐地主动游戏了，和同伴之间的交往也越来越频繁。孩子的变化很突出。

1. 从"配角"到"主角"，鸣鸣能愉悦地参与游戏活动，有角色意识、自信，面露笑容；

  2. 从"配角"到"主角"，鸣鸣能作为主角独当一面，独立完成"任务"；

  3. 从"配角"到"主角"，鸣鸣愿意和别人主动交往和说话。

  4. 从"配角"到"主角"，鸣鸣多了自己的想法，能根据自己的意愿来游戏，不再受别人随意的支配。

  使用表格对两次的观察进行记录后，根据数据的统计分析，我能够非常清晰地看到孩子阶段的发展，也利于我接下来更有针对性地对孩子进行指导。

二、数据化的观察

  将幼儿的发展情况、变化等运用信息化的数据方式进行统计、整理，可以一目了然地观察到幼儿的改变。

  案例3-3[①]：爱开小差的东东

  背景：

  东东是一个活泼爱动的小男孩，他对一切事物都充满了好奇，但是在上课时却注意力不集中，容易开小差，有意注意时间常常比较短，需要老师时刻提醒。因此我想通过观察东东在上课时的活动情况来记录分析东东的行为表现，并有针对性地帮助东东改进现有问题，改掉坏习惯。本次观察采取了信息化的图表记录，运用EXCEL表格制作出直方图，利用数据记录分析，其优势在于无须过多的描述性语言，就可以简单、直观地从数据中看出幼儿在一段时间内的活动情况，并且通过前后两次直方图的对比，直观地看出老师进行引导后的效果。

  第一次观察：

观察对象：东东　　年龄：5岁2个月　　性别：男	
观察目标：观察幼儿在集体教学中的注意力不集中的表现及次数	
观察背景：数活动常态课	
观察过程：1. 活动开始，东东一会儿玩手指，一会儿又咬手指，如此反复。（6次） 2. 过了一会儿，东东开始看其他小朋友，并且向窗外看去。（4次） 3. 接下去，东东开始发呆了，虽然没有讲话，但是明显眼神放空，眼睛没有看老师。（7次） 4. 当其他小朋友回答问题时，东东开始和两边的小朋友讲话或是玩他们衣服上的装饰物。（5次）	
结论：从观察中可以看出东东上课不专心，一直在开小差，有意注意时间短。	

  这是使用了之前我们习惯采取的观察方法进行记录，虽然也非常详细，但是如果单纯以文字记录，难免单调不直观采取直方图的方式进行数据记录，则简单明了很多，如下图：

---

① 案例提供人：张嘉蕾

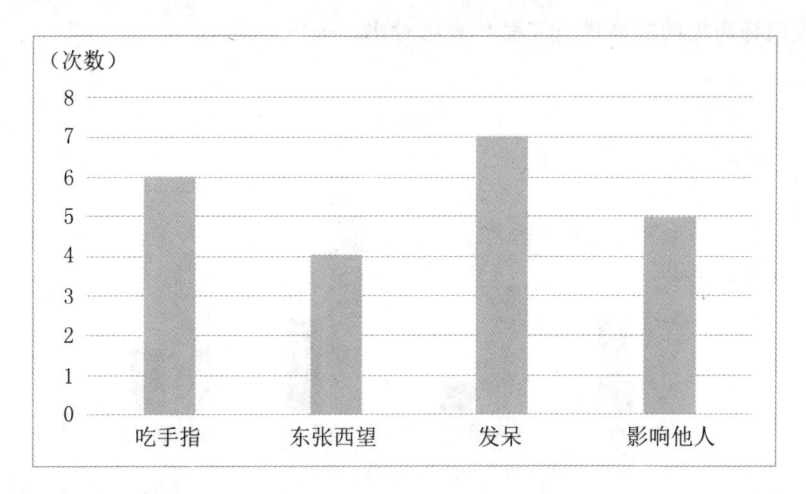

[图：第一次观察直方图，吃手指6次、东张西望4次、发呆7次、影响他人5次]

针对东东出现的问题，可以采取一些方法帮助他改掉容易开小差的坏习惯，我们的策略是：

● 及时和家长进行沟通，通过家园一致的努力采取相应的策略帮助东东改进。

● 上课时多请东东回答问题，培养他注意倾听的好习惯，帮助东东有意识地集中思想。

● 在幼儿园或是家里让幼儿多看书、画画，提供一个安静的氛围让其专注地去做一件事情并鼓励幼儿按时完成。

● 多鼓励奖励幼儿，当他表现好的时候，在其他同伴和家长面前进行表扬和小贴纸奖励，增强其自信心。

通过一段时间的努力，东东有了一些改变，以下是第二次的观察。（同样制作了直方图，这样更加有对比性。）

第二次观察：

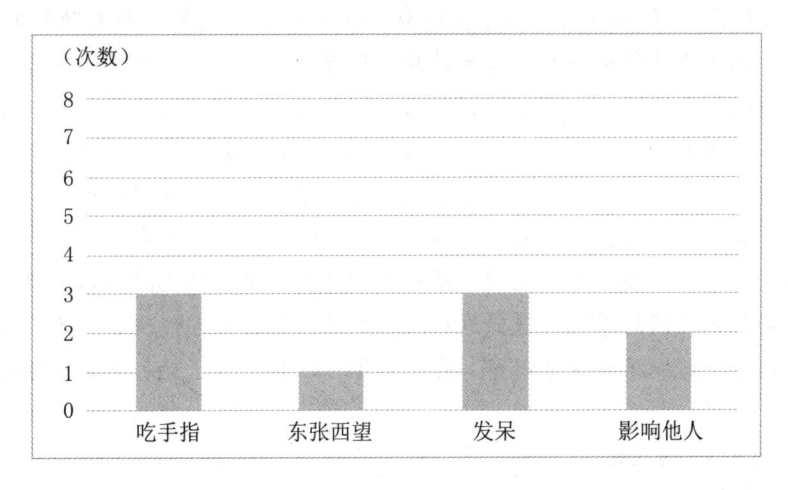

[图：第二次观察直方图，吃手指3次、东张西望1次、发呆3次、影响他人2次]

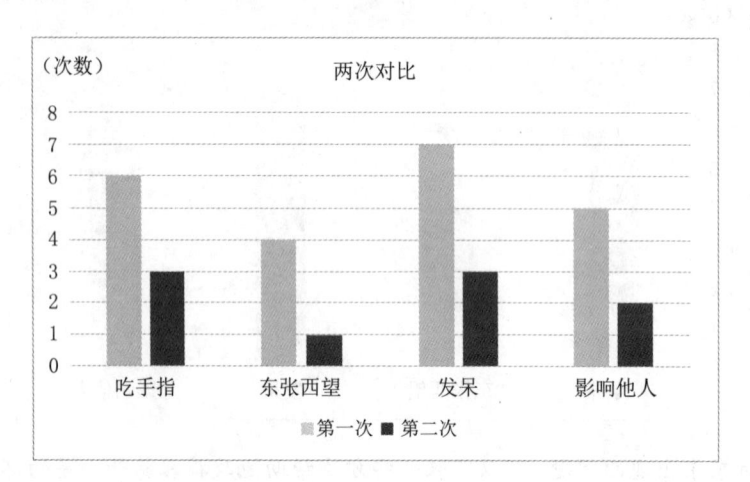

我们将两次的观察进行了整体数据对比，如下：

```
(次数)              两次对比
 8
 7
 6
 5
 4
 3
 2
 1
 0
     吃手指    东张西望    发呆    影响他人
           ■第一次  ■第二次
```

可以看出，通过老师和家长采取一系列措施后，东东有了明显的进步，虽然还是会出现思想不集中的情况，但是次数明显减少，相信东东日后会表现得越来越好。

我的感悟：

➢ 利用信息化的图表能更加直观、有效地对幼儿进行观察。

➢ 图表记录的方法简单明了，让观看的老师也一目了然地了解幼儿的行为变化。

➢ 家园合作的力量非常有效，能事半功倍地帮助幼儿进步。

案例3-4[①]：依托数据化观察表格帮助新小班幼儿快速适应在园生活

背景：

又是一年开学季，此时对于3岁左右的孩子来说，进入幼儿园生活是一个艰难的开始，一向依赖父母的孩子要适应一个全新的环境，陌生与无助是正常的，这是融入集体生活的第一步。作为幼教工作者，让这些从没离开过父母半步的孩子在短时间内适应幼儿园生活，让家长们放心，确实不是件容易事。每每看到孩子"被逼着"走进教室，继而撕心裂肺地大哭，甚至瞥见家长离开时的心疼与不舍，心中难免会一紧。难道在孩子的心里，幼儿园有那么可怕吗？这种现象促使我不断反思，如何采用恰当的方式方法，让孩子在最短的时间内适应幼儿园的环境，尽快适应幼儿园生活呢？于是我利用信息化的数据表格，记录下幼儿两周内在园的情况。选择这种观察工具，是因为方便快捷，不需要过多的言语描述，就能很直观地观察、分析数据，结果一目了然。下面我通过几个

---

① 案例提供者：顾华叶

小案例来进行说明。

个案1：华华，性格内向，上幼儿园的第一天，还没进班级就听到外面的哭声一阵阵传来，他妈妈在旁边不断地安慰他："幼儿园很好玩的，你快进去呀。"一边说一边推他进班级，可是他一个劲地退缩到妈妈的怀里面，哭闹不止，最后妈妈一把把他推进来就走了。这样硬推进班里的动作让华华整天都在流泪中度过，让人心疼不已。在谈话活动中知道沈××和华××住在一个小区里，并且两人经常一起玩。

分析：幼儿第一次来到陌生环境感到陌生与无助是正常的，找到同伴能缓解他的分离焦虑。于是我找到了他的妈妈，经过和妈妈沟通了解到他的好朋友沈××也在班里，于是我有意让两个朋友坐在一起、一起吃饭、睡在相邻的床上，并进行数据记录，发现他情绪明显好转。

观察目标：观察华华在同伴的影响下，来园初两个星期的一日生活活动中情绪的变化情况
观察记录
选择指标：情绪 ▼
（折线图：2018-09-03 至 2018-09-12，指标为"玩得很开心""哭了一会儿就去玩了""很想爸爸妈妈""无""无数据"；图例：小班-(1)班-沈、小班-(1)班-华）变化情况
结论：从这张折线图中可以看出，华华开学初两天哭闹情况很严重，经过和妈妈沟通了解到他的好朋友沈××也在班里，两个好朋友一起玩后华华情绪明显好转。看来找到同伴一起玩能够使孩子们来园心情愉快。
建议：无

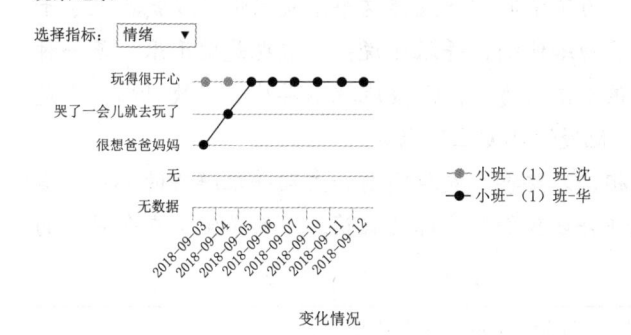

个案2：邹邹开朗淘气，很快就适应了班内的集体生活，并且和孩子们打成一片，玩得很开心。可是在请幼儿如厕时他突然哭了，我问他："你为什么哭呢？"他说："我想尿尿。""尿尿可以和老师说一下就能去了，不用哭呀。"

分析：这么简单的对话，也许换了旁人会一笑而过，可是我却陷入沉思。有很多孩子就是因为不会自己处理大小便、不会自己吃饭才不愿意上幼儿园。我时常发现，许多孩子玩的时候根本不会哭闹，但到了小便、吃饭时，哭得会很厉害。因此，在家的时候，不要干涉孩子想要独立的意愿，入园前教会孩子一些必须在幼儿园自己完成的事情，才能有足够的信心踏入幼儿园，轻轻松松度过在幼儿园的每一刻！以下是宝宝大小便情况的变化：

为了孩子个性的绽放

观察目标：观察邹邹来园初两个星期的一日生活活动大小便的情况

观察记录

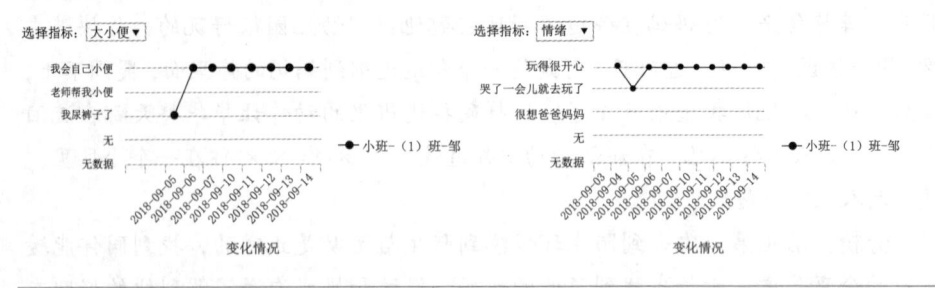

选择指标：大小便 ▼

我会自己小便
老师帮我小便
我尿裤子了
无
无数据

→ 小班-（1）班-邹

2018-09-05　2018-09-06　2018-09-07　2018-09-10　2018-09-11　2018-09-12　2018-09-13　2018-09-14

变化情况

选择指标：情绪 ▼

玩得很开心
哭了一会儿就去玩了
很想爸爸妈妈
无
无数据

→ 小班-（1）班-邹

2018-09-03　2018-09-04　2018-09-05　2018-09-06　2018-09-07　2018-09-10　2018-09-11　2018-09-13　2018-09-14

变化情况

结论：从这张折线图中可以看出，邹邹刚开始不会小便，导致他的情绪不太稳定。

建议：可以通过家园合作的方式，请家长在家里教宝宝如何大小便，建立幼儿自信心。

个案3：沈沈在家中吃饭的时候喜欢喝啵乐乐饮料，来到幼儿园时也带着。一直喝这种饮料对孩子无益。为了帮助孩子改掉这个不良习惯，我就找来了干净的啵乐乐瓶，在里面灌上了汤给他喝，并跟他说："这也是啵乐乐，是一种新味道，不过也很好喝。"孩子信以为真，慢慢地就不再吵着要饮料喝，于是我将这个"汤"再倒入碗中，他慢慢地爱上了喝汤。

分析：通过这个案例我相信只要善于发现问题并主动寻求解决的办法，尝试反思，一些小小的细节也许会让我们有意外的收获。下面是宝宝在午餐中的情况变化：

观察目标：观察沈沈来园初两个星期的一日生活活动中午餐的情况

观察记录

选择指标：午餐 ▼

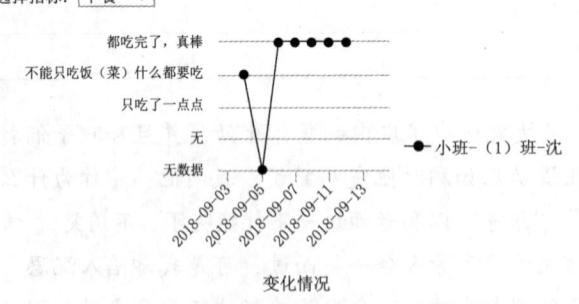

都吃完了，真棒
不能只吃饭（菜）什么都要吃
只吃了一点点
无
无数据

→ 小班-（1）班-沈

2018-09-03　2018-09-05　2018-09-07　2018-09-11　2018-09-13

变化情况

结论：从这张折线图中可以看出，沈沈第一天不愿意喝汤，为了帮助孩子改掉这个不良习惯，我就找来了干净的啵乐乐瓶，在里面灌上了汤给他喝，并跟他说："这也是啵乐乐，是一种新味道，不过也很好喝。"孩子信以为真，慢慢地就不再吵着要饮料喝，于是我将这个"汤"再倒入碗中，他慢慢地爱上了喝汤。

建议：可以通过家园合作的方式，让宝宝在家里也尝试喝汤。

我的感悟： 以上一些观察小案例，让我们很好地看到，通过一些小策略就能促进孩子们的进步。将幼儿的表现用数据化形式进行记录、分析、汇总，就能清晰地看到孩子们的变化。而且家长看到这些变化时也能非常欣慰和开心。我想让新小班的幼儿爱上幼儿园，除了要家园密切配合外，作为老师的我们，更要正确看待幼儿刚入学的各种反应，通过平等、关爱、信任共同努力构建良好的师幼关系，相信家园携手，定会让孩子们愉快而顺利地走向人生开启的大门！

三、观察后的反思

通过观察、分析幼儿，发现存在的问题，审视自己的教育思想和行为，寻找新思维、新策略解决所面临的问题。

案例3-5[①]：我不会……

活动背景：

新学期开始了，班里来了个男孩叫陆陆，他一刀齐的头发、大大的眼睛，很是可爱。可是经过几天的接触，我却发现这个孩子从不和别的小朋友玩，不玩球，不敢玩滑梯，不自己穿衣服、穿鞋子，甚至吃饭都不会，不知是刚来还没有适应这里的生活还是别的什么原因，所以我总是格外注意他。因此我想对陆陆进行一系列的观察来了解他的在园情况。本次观察，我选择使用结构化的叙事观察记录表格。首先，对于聚焦性地观察一个孩子，这样的记录方式可以有目的性地制定观察目标。其次，这个表格可以清晰地呈现观察的实录过程，方便地用平时的语言大量记录细节。可在不同时间段用片段式的小故事方式叠加呈现。最后，通过实录，可以在更长远的方向上制定、实施、解读和调整策略。

观察对象：陆陆	观察时间：2018.9	观察者：丁霞

观察目标：观察幼儿生活自理能力的现状，找出针对性的方法帮助该幼儿更快更好地适应幼儿园的一日生活。

观察实录

片段一：午餐时间到了，孩子们都在安静地进餐，可是陆陆坐在那儿歪着头不知在想什么。提醒他一下，他也不肯动手，嘴里"嗯嗯嗯"地发出声音，希望老师喂他，引导了很久，老师喂一口，他自己慢吞吞艰难地舀一勺饭，老半天才塞到嘴里，握勺子的姿势也不对。

片段二：户外活动时，我一宣布可以玩滑梯，孩子们一阵欢呼，像小鸟一样一下子就飞到了大型玩具上去了，可陆陆却在滑梯下面走来走去，看着别的小朋友，一脸羡慕的样子。我怎么鼓励他都不上去，我抱起他要放他到滑梯上，他竟然缩起两条腿不敢放下。

[①] 案例提供者：丁霞

（续表）

观察对象：陆陆	观察时间：2018.9	观察者：丁霞

片段三：午睡起来，小朋友一个个争先恐后地穿好了衣服、鞋子，不会穿的也会请老师帮忙，可是陆陆一直坐在那里不动，嘴里又"嗯嗯嗯"地发出声音。

片段四：上课时，孩子们都能认真听老师讲、跟着老师一起做，可是陆陆却蹲在地上，连坐在椅子上都不愿意，请他坐好他就"嗯嗯嗯"地不愿意。

解读分析：通过与家长的交流，我了解到他的父母工作都很忙，很少有时间带孩子，孩子都是爷爷、奶奶带大的。老人对孩子宠爱有加，从不让孩子动手做事，4岁了从不自己吃饭、穿脱衣服和鞋子，甚至为了干净整齐，不给孩子玩玩具，不给孩子吃带壳的东西，时间一长，这个孩子的动手能力很差。孩子没有自己照顾自己的意识和能力，更不知道怎样去和别的孩子交往。

调整与策略：
◆老师可以怎么做
1. 从孩子感兴趣的事情入手，比如宝宝最喜欢玩的滑滑梯，活动前和他讲清楚要求、注意事项，鼓励他应该做个勇敢的孩子。可以带着孩子一起玩，多次尝试，直到他敢于自己去玩。
2. 多关注、帮助陆陆，并从中教给他一些照顾自己的方法。如穿脱衣服、穿脱鞋子、握勺子的方法等，通过日常小事帮助陆陆树立信心，让他感到自己能行。
3. 鼓励陆陆参与到其他幼儿的游戏中，比如在自由活动中，引导他和其他幼儿一起互动，学会分享、交换玩具，让他感受到集体的力量和温暖，并从中学会交流、合作。
4. 和家长进行有效沟通，达成一定的共识，共同帮助幼儿改变现状。

◆家长可以怎么做
1. 多抽时间陪伴孩子，多和孩子交流，多带孩子到户外活动，提供机会让孩子参与。
2. 在家也鼓励孩子自己的事情自己做，这样他的小手才会更灵活，反应才会更敏捷。

案例3-6[①]：奇幻森林的故事

活动背景：

今天是我们大班年级组的教研观摩活动，我们观察的是大（3）班的孩子在美术工作室的游戏情况。观摩活动结束后，我们将在下午的教研活动中，根据孩子的游戏情况，讨论工作室材料投放是否适宜孩子的游戏。

工具选择：

今天的观摩活动，我选择了时间化的观察记录表格。首先，这个表格可以按照时间记录幼儿的活动情况，可以清晰明确地看到幼儿在今天的活动中完整的一个游戏过程。其次，在没有照片的情况下，时间化的表格，可以清晰地观察到每个时间点孩子在做什么、孩子的行为持续的时间。最后，这样的表格在研讨的时候方便教研的同伴，能明确地解读我观察到的幼儿的游戏情况及发生的时间。

---

① 案例提供者：王燕婷

| 实践 实用 实效 |

观察:

观察目的：观察6岁目标儿童小顾在美术工作室的情况。
观察目标：1.观察幼儿是否对材料感兴趣。2.观察幼儿是否能根据色块进行各种想象。
环境：美术工作室——奇幻森林
观察记录：

时间段	注意时间（分）	行为
9:15—9:20	5	在两块绿色色块上，添画上了蝙蝠的身体（看着书《哺乳动物》）。画完了问对面的同伴画得像不像蝙蝠。
9:20—9:25	5	观察同伴画的老虎，说他画得不像老虎，因为老虎的头上应该有"王"字。看着两块连在一起的蓝色色块，说不知道像什么动物。
9:25—9:28	3	翻书看到小老鼠，说两个色块像老鼠的眼睛，又否定说太大了，不能画老鼠，询问同伴到底可以画什么。接着放弃添画两个蓝色色块，改画下面的黄色色块，添画成了一条鱼。边上红色色块借形想象画成了乌龟。
9:29—9:33	4	又回到两个蓝色色块上，想画蜗牛，说也不行呀，蜗牛只有一个壳。我提示：两个小蜗牛可以背靠背在一起吗？他马上起笔画上了两只背对的蜗牛。
9:34—9:40	6	开始在画好的蜗牛、乌龟、小鱼身上分别添加蜗牛壳、乌龟壳的纹路以及小鱼的鳞片。
9:40—9:45	5	一边翻书一遍寻找可以绘画的动物，在一个大的蓝色色块上，画了一只袋鼠。到活动结束，其他色块上还没有全部完成借形想象的添画。

活动分析与调整建议:

1. 材料丰富多样，具有探究性、趣味性和观赏性，幼儿积极主动参与，时有交流。从这份材料能看到孩子们的活动过程，幼儿前期先在纸上随意地画上颜色的色块，在这次的活动进行借形想象的添画。

2. 进入颜料区的幼儿清楚地知道每份材料的操作方法，操作时非常投入。活动过程中孩子还是比较专注，同伴间也能进行简单的交流，对于这份材料的兴趣浓厚。

3. 活动设计考虑到了大班幼儿年龄特点和大班美术发展目标，能在幼儿现有美术能力的基础上有所提升。但是孩子借形想象的过程具有难度和挑战性。

调整: 建议材料由易到难，提供一些动物外形和图形之间的联系，例如哪些动物身体是圆圆的、哪些动物身体是三角形的。或者关注动物的局部特征。例如，长长的兔子耳朵、狐狸耳朵三角形、大象耳朵扇形等。

案例 3-7[①]：给小兔子喂萝卜

活动背景:

5月小班主题活动进入《可爱的小动物》，为此我们开展了一系列以动物为主要游戏材料的各领域活动，让孩子在亲近小动物的活动中获得知识，体验快乐。运动小游戏"给小兔子喂萝卜"就是其中一个活动内容，孩子们通过给

---

① 案例提供者：吴佳颖

| 为了孩子个性的绽放 |

小兔子喂萝卜以游戏方式练习多种爬法,感受游戏快乐。因此我想通过观察幼儿在运动中的活动情况来了解孩子们的兴趣度以及材料投放是否适宜等问题。本次观察我运用了抽样时间化观察记录表进行记录。用这种方式进行记录有以下优势。

1. 记录表时间线清晰,幼儿活动情况一目了然。

2. 观察方式聚焦到某个孩子身上,能从不同时间段看到孩子在做什么、做的事情是否有持续性。

3. 用两次观察表进行对比,能清晰地看出教师在观察后针对出现的问题进行的调整策略对幼儿动作、能力发展以及兴趣度的提升是否取得成效。

观察:
观察目的:观察4岁幼儿小王在运动游戏中的状态。
观察目标:1. 发展幼儿身体的平衡能力和钻爬能力。2. 喜欢参加集体活动,有初步的规则意识。
环境:操场——球类区
观察记录:第一次观察

时间段	注意时间(分)	行为
9:15—9:20	5	又到了室内运动的游戏时间,孩子们都十分高兴,他们都选择了自己喜欢的游戏场所。这里有三只可怜的兔宝宝正饿着肚子呢,小王从胡萝卜框里拿出了萝卜要喂给兔宝宝吃。
9:20—9:25	5	小王拿起了萝卜直接走到兔宝宝的纸箱面前,喂给了兔宝宝吃,一根不够喂,他一下子拿了好多根萝卜要喂给小兔宝宝吃,还有中兔宝宝和大兔宝宝没有吃到萝卜呢,小王又拿了好多根给其他兔宝宝吃。
9:25—9:28	3	在喂完萝卜后,小王仍旧是沿着去的那条路回来,一路跳圈过去的,就仍旧会从跳圈那儿跳回来,在我的提醒下,才知道原来回来是从旁边的小路走回来的。
9:29—9:33	4	玩了一会儿,我看到小兔宝宝和中兔宝宝的肚子还是空空的,看到在喂大兔宝宝的那条路上,好多小朋友都排队等在那边,于是又引导幼儿去给饿肚子的兔宝宝们喂萝卜吃。
9:34—9:45	11	幼儿在老师的引导下,把三种兔子宝宝都喂得饱饱的,并且回去时也走了返回的路。

活动分析与调整建议:
1. 孩子们对这个游戏情境十分喜欢,但是由于对游戏规则不够清楚,在活动中还是出现了一些混乱的情况,比如喂兔子吃萝卜的时候会有幼儿一次性拿两个或两个以上的萝卜,有的幼儿知道怎么过去但不知道怎么回来。由于教室内场地局限,设置的三条去路是不同的,回来的路就是从旁边的窄道走回来,幼儿对回来的路不太清楚等。在游戏铺设之前一定要告诉幼儿游戏的规则。

2. 在拿萝卜时幼儿们会出现争抢的情况,因为只有一个篮筐,所以幼儿们会集中在一个篮筐前拿萝卜,就会比较拥挤。需要在三条路的路口都放置一个装胡萝卜的篮筐,以便幼儿拿取。

针对出现的问题,我及时调整了投放的材料并将器械摆放得更加合理。以下是调整后进行的第二次观察。

（续表）

观察记录：第二次观察

时间段	注意时间（分）	行为
9:15—9:20	5	这次，老师们除了投放大、中、小三种尺寸的兔子和对应大、中、小三种尺寸的萝卜之外，还在兔子嘴边放上了相应的点数牌，孩子们看到大兔子旁边有三个圆点，就知道要喂它三根大萝卜。在维度上有了变化，对孩子们的能力要求更高了点。孩子们很投入。
9:20—9:25	5	小王拿起了萝卜直接走到兔宝宝的纸箱面前，喂给了兔宝宝吃，看到小兔子边上有两个点，知道这代表两根萝卜。于是拿起了两根小萝卜喂给兔子吃。喂完萝卜，沿着回去的小路再返回起始点拿萝卜。
9:25—9:28	3	在喂完萝卜后，小王仍旧是从过去的那条路回来，一路跳圈过去的，就仍旧会从跳圈那儿跳回来，在我的提醒下，才知道原来回来是从旁边的小路走回来的。
9:29—9:36	8	玩了一会儿，三只兔子都吃饱了，于是老师把兔子嘴巴里的萝卜又倒出来，放到起始点的萝卜地里去，孩子们又继续开始走小路，运送萝卜喂兔子。
9:36—9:45	10	幼儿在老师的引导下，把三只兔子宝宝都喂得饱饱的，并且回去时也走了返回的路。

调整后的改变：
1. 孩子们对这个游戏的原始规则已经十分熟悉，能够按照来回的路分别送萝卜去喂给兔子吃。老师在兔子旁边放上了不同的五以内的点数，结合了数的活动，让幼儿不是随意地投喂萝卜。对幼儿来说游戏的难度提升了，趣味性也提升了。
2. 在三条小路的改良上，老师改变了以往直线的行走方式，而是加入了曲线的小路，孩子们运送的过程中乐趣更多，游戏的情境性更强。

我的收获：
1. 运用适宜的观察工具提高了老师在运动过程中观察幼儿活动情况的能力，并能针对实际情况及时调整材料和场地摆放问题。
2. 有效的观察与调整，能更好地帮助幼儿掌握游戏方法，提升运动能力。

案例3-8[①]：快餐店的故事

观察时间：2018.10	观察区域：快餐店	观察者：陈霞锋

游戏片段：
"服务员，我要这个香肠，"小坤递给服务员小昱一个小碗，"我还要个荷包蛋，还有黄瓜……"
"哎呀，这么多菜，一个碗放不下的！"服务员小昱建议小坤再去拿个碗。
"好的！还有饭呢，我怎么拿呀？"现在小坤左右手各拿一个碗，没有手再拿了。没办法，小坤干脆把盛菜的两个碗叠放在一起，这样就空出一只手拿盛米饭的小碗。
"你这样很不卫生的，"后面排队的小依拉拉他的衣服提醒着，"吃了会生病的！"
"那我怎么拿啊？"小坤不耐烦了。
"谁叫你点这么多菜！"服务员小天笑着对他说。

---

① 案例提供者：陈霞锋

| 为了孩子个性的绽放 |

（续表）

观察时间：2018.10	观察区域：快餐店	观察者：陈霞锋

"就这几个算多？我还想点呢！"小坤有些不高兴了，"我和爸爸妈妈到外面吃饭，点的菜还要多呢，我们都拿得下啊！"

"这倒也是！"小依点点头，她转过身问正在盛菜的服务员小昱，"服务员，你们这边有没有放碗的托盘？"

"没有哎！"小昱摇摇头，她看了看桌上的碗碟，"你们用这个试试看！"随即她递过来一个纸盒。

"这不是盛菜的吗？"服务员小天插了一句。

"不是没人用吗？这个当托盘也蛮好的！"小昱回答道。

听小昱这么一说，小坤、小依、小妍几个顾客每人拿了一个纸盒，没一会儿，纸盒一个不剩。纸盒没有了，怎么办？服务员小天赶紧收拾桌子，把前面已用完餐的顾客的纸盒给后面的顾客使用。哎哟，一边要收拾，一边还要盛饭，小天有些手忙脚乱了……

游戏结束后我们就"没有纸盒怎么办"展开讨论，有的建议多放一些纸盒，有的建议用垫板代替托盘，有的建议把盒子分隔成一块块的。真是群策群力，当然，我们也不忘记表扬小昱用纸盒当托盘的好点子，还有小天的灵活机动！

分析：

一般游戏中幼儿都比较喜欢使用预先提供好的道具或材料，替代物的使用现象较少，几乎都以教师提供的材料为主。出现问题时，有的幼儿会不断询问教师解决的办法，当然也有的幼儿会自己寻找解决的办法，正像游戏中的小昱，她想出用盛菜的纸盒替代托盘，进一步丰富了游戏的情节。

后续思考：

应该说大班幼儿的游戏经验相当丰富，并且在游戏中能主动反映多样的生活经验。在这次游戏中，无论是放饭菜的托盘还是用纸盒替代托盘，都是孩子们根据自己的生活经验即时生成的游戏情节。对于大班幼儿来说，他们的思维正在进一步向抽象化发展，因此，在游戏中会表现出更多的高级的替代行为，如现在我们使用的托盘就是用垫板经过加工而成的，这比用纸盒直接替代托盘更进了一步。因此，在为大班幼儿投放游戏材料时，可以多投放一些低结构或非结构化的材料，比如孩子提供一个"百宝箱"，里面可以放上各种废旧材料、纸、笔等以供自由选择。同时对本班的多种玩具，也可启发幼儿发挥想象，充当游戏中你所需要的物品，从而取而代之。

说明：

1. 案例撰写采用表格的记录方式，清晰地呈现案例的内容，如案例事实和案例分析。教师通过表格式的具体教学行为的描述和分析，加深对教学理论的理解；又可以通过教学理论的指导，使教学行为科学合理。

2. 固定的表格记录撰写教学案例，能够促使教师注意观察教学现象，发现教学问题，持之以恒，就会养成观察的习惯，提高观察的能力。

结语：通过以上一些小案例，我们看到了观察记录的方式有多种多样，结合各类观察工具（表格）使用后，老师的观察可以以更加方便、直观的方式进行记录，而且在记录时更加有目的性、计划性以及科学性。通过观察比较，老师不但发现了活动内容、材料投放或是幼儿近阶段存在的问题等，继而提出改进的策略，同时老师也能更加主动、自主地去观察幼儿，最终都是为了幼儿更好地发展。

第四章　幼儿个性化教育中的评价

第一节　概述

一、评价的内涵与标准

评价就是对人、事、物进行分析和价值判断。体现在教育上，即通过系统地收集信息，对教育目标及实现目标的教育活动进行分析和价值判断，指出优点、不足及存在的问题，分析产生问题的原因，提出改进的措施。

评价的标准一般为科学性、适切性、创新性和实践性（可行性）。

科学性。符合幼儿教育发展规律和幼儿身心发展规律，发挥幼儿的主体精神和教师的主导作用，实事求是，言行一致。

适切性。在幼儿身心发展的已有基础上，适当提供环境、材料、信息等外部条件，教师在其遇到困难时，适当予以指导或帮助，既不抹杀个性，又不拔苗助长。

创新性。体现在活动主题的创新、内容和方法的创新，特别在运用多媒体等现代信息技术方面，既要适切又要创新，使信息技术的功能发挥具有针对性、实效性，达到最大化。

实践性（可行性）。活动内容符合幼儿需求，能内化为幼儿的心理素养，活动方式在现有条件下可以落实，师幼都能接受，现有人力、场地、器材设备和配置等能保证活动顺利进行，取得实效。

二、评价对幼儿个性化教育的作用

通过评价，幼儿个性化教育更加关注幼儿发展的全面性、差异性和主体性。

全面性的特征是对幼儿个体制定全面性的培养目标，为其打下全面而整体的扎实基础，以便全方位认识世界。

差异性的特征是关注幼儿个体的个别差异和个性差异，每位幼儿除与同伴有不同的个性之外，的确存在着学习速度、知觉范围、反应灵敏度等诸多的个别差异。

主体性的特征表现在幼儿个性化教育中幼儿的积极性、主动性和创新性上，与此相关的还有师幼关系的调整和学习态度与方法的指导。

第二节　依托信息技术的评价

一、理念与解读

（一）理念

1. 以幼儿发展为本

评价不是批评或否定幼儿，而是肯定优点，指出不足，提出改进建议，是为了幼儿在原有基础上不断进步。教师不能包办代替，而应指导和帮助幼儿健康成长。

2. 促进教师专业发展

教师擅长在班级授课制下的集体化教育，对个别化个性化教育还需专业训练，评价及幼儿的个性化教育给教师提供学习的平台，使教师学会根据幼儿个体的个性和个别差异进行针对性、实效性的教育。学会在集体化教育中个别对待，让幼儿获得个别化、个性化发展的机会，既关注全体幼儿，又照顾个别幼儿，处理好集体与个别、一般与独特的关系也是教师专业发展的题中之义。

3. 循证实践改进

通过多种评价实践，逐步掌握多种评价标准和方法，从简单到复杂，从个体到群体，评价质量逐步提高，对同一个体的评价，既要关注其结果评价，也要关注过程性评价，更要关注过程对结果影响的评价，注意评价的阶段性和连续性，初步定性评价，结合可能的定量评价，最后做出终结性评价。

4. 合理运用信息技术

随着信息技术在教育领域中的应用，在幼儿的个性化教育的评价中也可充分而适切地运用信息技术，增强评价标准的感知程度，便于掌握评价的精准度，提高评价质量，并且可丰富评价方式。

（二）解读

评价的一般过程是：首先，系统地收集资料，制定评价标准；其次，根据评价标准对资料进行分析、解释；然后，在分析解释的基础上进行价值判断（优点、不足）；接着，从教育目标和评价标准提出改进的建议和帮助措施，以便扬长避（补）短；最后，将建议和帮助直接或间接地反馈给个体，再通过一段时间的调整改进，评价其进步的程度。

二、个性化教育评价的园本实践

(一)标准的制定、工具的研发

3~6岁儿童各年龄段都有其不同的年龄和学习的特点,其在各领域的发展水平也各不相同,面对这些情况我们所依据的便是大量的专业书籍、各类论文参考读物及专家所研究的学前儿童的相关领域发展特点等,如关于幼儿年龄与学习特点,我们所参考的是《3~6岁儿童学习与发展指南》;幼儿美术活动的评价,我们参考的是朱家雄的《学前儿童美术教育》。同时有针对性地将我们所要观察的幼儿年龄特点以小班、中班、大班分类,将一日活动各项内容进行拆分,细化观察指标,如幼儿生活环节中分为午睡、午餐、盥洗等不同的评价表。严谨的评价指标让教师们更专业、更有目的地对同一个领域内容进行观察,从而进行有效的评价与分析。

实践研究初期,我们依据大量的理论书籍和专业知识形成了幼儿个性化教育的评价表。以小班美术活动评价表为例,评价内容主要包括情感态度、认知技能和行为习惯等维度。

表4-1 小班美术活动评价指标

情感态度	喜欢参与绘画活动,能愉快大胆地作画。
认知技能	初步认识绘画工具,使用蜡笔、水彩笔、棉签等工具进行涂染。
	认识基本颜色,愿意在涂抹过程中把画面画满。
	学会辨别与绘画不同的线条,并能表现线条的方向、粗细、疏密。
	尝试用简单的基本图形表现物体的轮廓特征。
	初步学会用图形和线条组合创造各种图式。
行为习惯	想到什么就做什么,混乱中完成作品,作品有缺陷。
	工具一片混乱,用完乱放,取时找不到。

结合《3~6岁儿童学习与发展指南》和幼儿园美术学习活动各年龄段目标,我们制定了美术领域中不同种类活动的评价标准,分别为:绘画类活动的评价表、手工类活动的评价表、欣赏类活动的评价表。

表4-2　幼儿美术绘画认知技能评价指标

年龄 发展水平	3~4岁 A	4~5岁 B	5~6岁 C
认知技能 （绘画）	1. 初步认识绘画工具，使用蜡笔、水彩笔、棉签等工具进行涂染。 2. 认识基本颜色，愿意在涂抹过程中把画面画满。 3. 学会辨别与绘画不同的线条，并能表现线条的方向、粗细、疏密。尝试用简单的基本图形表现物体的轮廓特征。 4. 初步学会用图形和线条组合创造各种图式。	1. 尝试运用不同的绘画工具表现不同效果的作品。 2. 认识常见的固有色，会选择和物体相似的颜色，初步有目的地设色、配色。 3. 能够较为准确地把握形状的基本结构、各种线条。 4. 学会运用图形组合的方法，表现物体的基本部分和主要特征。	1. 知道运用不同的绘画工具和材料表现不同效果的作品。 2. 具有一定的配色意识，能运用对比色、相似色、同种色等多种配色方法。 3. 认识物体的整体结构和各种空间关系，初步在绘画作品中体现，如远近、遮挡。 4. 能较为灵活地表现各种人物、动物的动态。

表4-3　幼儿美术手工认知技能评价指标

年龄 发展水平	3~4岁 A	4~5岁 B	5~6岁 C
认知技能 （手工）	1. 初步熟悉不同工具的作用和性质，尝试用不同的工具创作。 2. 掌握泥工中团圆、搓长、压扁等基本技能。学习撕纸、粘贴，初步撕出简单形状并粘贴成画。 3. 学会用印章、纸团、木块等材料，蘸上颜色在纸上敲印。 4. 初步学会用自然材料（石子、豆子、树叶等）拼贴造型。	1. 进一步熟悉泥工、纸工及自制玩具的工具和材料，尝试运用不同工具和材料进行创作与装饰。 2. 掌握撕纸的基本技能，撕出简单的物体轮廓。能正确使用剪刀剪出基本图形，组合形体并拼贴成画。 3. 掌握折纸的基本技能，折出简单的玩具。 4. 学习用泥塑造出物体的基本部分和主要特征。	1. 使用不同的材料（废旧材料）和工具制作玩具并加以装饰。 2. 能综合运用剪、折、撕、粘、连接等技能，独立设计制作玩具。 3. 了解各种纸张的不同性质及不同表现效果，能用各种纸张制作立体玩具。 4. 用泥塑造人物，动物等较复杂结构的形体，能表现出物体的主要特征和细节。

表4-4　幼儿美术欣赏认知技能评价指标

年龄 发展水平	3~4岁 A	4~5岁 B	5~6岁 C
认知技能 （欣赏）	1. 初步运用动作、表情等表达自己欣赏后的感受。 2. 初步学会运用线条表现力度美、节奏感。	1. 通过欣赏，说出自己喜爱或不喜爱作品的理由，并对作品做简单的评价。 2. 感受作品的色彩变化及相互关系，能简单表达。	1. 在欣赏和评价他人的作品时，能讲述自己独特的观点。 2. 能感受作品的色调、色彩之间关系的变化，能大胆表达。

(续表)

年龄 发展水平	3~4岁 A	4~5岁 B	5~6岁 C
认知技能 （欣赏）		3.感受作品中形象的鲜明性和象征性，能简单表达。	3.能感受作品中形象的象征性、寓意性，能大胆表达。
		4.感受作品的构成，体验作品的对称、均衡、节奏。	4.通过欣赏作品，了解其形状、色彩、结构等美术要素。
		5.通过欣赏作品，尝试说出作品的主题和基本内容。	5.了解作品的表现手法、艺术风格和创作意图，能大胆地表达。

评价标准的确立是评价工具初步研发的前提与基础，有了指标后我们开始研究与制定幼儿活动观察评价表。起初，我们根据幼儿年龄段的特点为每个年龄段的幼儿根据不同的活动设计了相应的观察评价表，但在教师实践后会发现，由于活动领域较多，涉及的评价表数量较多，教师操作产生了不便；再者，教师在使用该评价表的时候会发现每个幼儿的发展水平都不一样，但呈现的标准只有一个年龄段，教师评价产生了困难。因此，根据实践的情况我们进行了调整，把三个年龄段的幼儿发展标准按领域整合在一张表格中，这样既便于教师的评价，也便于教师的记录。于是，评价表的框架基本确立，板块包括：评价的指标、评价的记录、具体的描述以及评价分析。

除了美术领域的观察评价表外，我们还有关于学习、生活、游戏、运动和与之相匹配的幼儿活动观察评价表（详见附录1）。

（二）实施评价表后的信息收集与数据分析

幼儿园课程评价是教师运用专业知识对教育实践进行分析、调整的过程，也是促进幼儿富有个性地发展的过程。"二期课改"中，把评价当作课程连续不断的动态发展过程中的一个必不可少的环节。通过评价为幼儿和教师的持续发展，为课程的不断调整完善收集信息，并提供可靠的依据。

1.对幼儿的评价

以下就以美术活动评价表运用为例，有效利用"学习活动观察评价表——美术活动（绘画）"进行分析和评价，将不同的教师实施评价表后的信息进行对比与分析。

案例4-1[①]：甜甜的绘画成长记

观察者：杨老师	第一次：2017年9月	第二次：2018年1月
具体描述	图4-1 甜甜区角绘画活动	图4-2 甜甜大艺术绘画活动
教师评价	1. 宝宝全程比较专注，对于绘画也是比较感兴趣的。 2. 在涂色上，孩子的颜色选取随意，只是选取自己喜欢的颜色，她认为单一的颜色不好看，五颜六色好看，没有考虑到苹果本身的颜色要求。 3. 绘画布局有所欠缺，知道涂色要在框里，但是格局比较小，完成作品后，苹果里还有很多空白的地方。	1. 大艺术活动中，孩子能模仿老师的作品，进行背景涂色。涂色时胆子不够大，有点放不开，在老师的鼓励下动作开始放大，直到整张作品涂满背景色。 2. 画树干时孩子很仔细，小心翼翼地将小枝干画出来。 3. 最后点上梅花，撒上亮粉进行装饰。
教师分析	问题1. 颜色的选择。活动中，老师给孩子提供了有边框的苹果，活动前，也和孩子一起讨论了苹果的颜色，但甜甜还是选择了用五颜六色的涂法去完成她的苹果，在她眼里，这是最美的颜色。女孩子偏爱粉色，不管实物具体什么颜色，她觉得粉色就是最好看最喜欢的色彩，她要将这么美好的颜色送给小苹果。 问题2：涂色布局狭小。小班孩子刚刚进园，他们的注意力、自控能力差，绘画发展水平也正处于涂鸦期。由于他们年龄小，手部小肌肉群发育不够完善，手部气力不够且动作不够灵活，加上他们绘画的目的不太明确，又没有一定的技能做基础，所以他们只是把绘画当作一种游戏，随自己的爱好任意涂抹，画出的物体不太规范，似像非像，让人难以捉摸。精细动作发展还有待提高，对于她来说涂满整个苹果很费体力和精力，也没有完全涂满的意识，所以她将颜色主要放在了苹果的中间，边上几乎都是空白。	经过两次跟踪观察及对比，老师通过观察孩子出现的问题有针对性地进行过程性指导，从而有了孩子在绘画活动中的点滴进步：孩子乐于进行绘画，敢于尝试用多种不同的材料进行绘画创作；布局合理大胆，整棵梅花在画图纸的中间，还为作品添加了背景色，很吸引人；颜色美观合理，脱离了无意识的涂鸦，同时不失自己的想象力和理解力，没有选取梅花固定的红色，而是用了清新干净的白色。

---

① 案例提供者：杨希

| 实践 实用 实效 |

杨老师分别从两个时间段通过照片的方式,观察同一个孩子的美术活动,进行了对比分析,从而提高了孩子绘画的能力。

案例4-2[①]:子轩的变化

观察者: 许老师	第一次：2017年9月	第二次：2018年1月
具体描述	图4-3 子轩美术涂色活动 子轩对绘画不太感兴趣,拿到蜡笔就画,这只小蜗牛他画了很多颜色,而且都是随意涂色,没有将作品涂满以及涂在黑色线条里的意识。	图4-4 子轩美术涂色活动 这次的涂色,子轩进步了很多,我示范将小飞机的外轮廓涂上了黄色后,请子轩把颜色涂在飞机的身体里,子轩能够按照老师的要求涂了,虽然涂的还有一些洞洞,但是已经知道不能胡乱涂了。
教师评价	1.幼儿涂色很随意,想到什么颜色就涂什么颜色。 2.涂色还停留在涂鸦水平。 3.没有将画面涂满的意识。	1.喜欢参与绘画活动了,不再是涂鸦式涂色了。 2.能够听清老师的要求用一种颜色进行涂色活动。 3.初步有了将作品涂完的意识。
教师分析	1.小班幼儿由于年龄小,对绘画一无所知,轩轩只会持笔乱涂乱抹,来体现自己心中的喜、怒、哀、乐,伴随着这种体验,轩轩对画画逐渐产生了浓厚的兴趣。这时教师千万不能急于教轩轩画些什么,也不必强调轩轩画得像不像,因为这样容易让轩轩失去绘画的兴趣和热情,而应该去引导、呵护、培养、提高兴趣。 2.作为教师,要教轩轩正确的拿笔姿势和用纸方法。让轩轩先学画横线、竖线、曲线,再画圆形、房子等,从简单到复杂,循序渐进、反复练习,才符合幼儿发展的阶段性特征。	轩轩有了很大的进步,对画画不再有畏难心理。轩轩明显喜欢上参与绘画活动了,不再是涂鸦式涂色,初步有了将作品涂完的意识。我对于轩轩的作品都给予了肯定的评价,让他获得成功的喜悦。通过案例分析我发现,兴趣是幼儿学习的原动力,幼儿一旦对绘画产生了兴趣,注意力往往特别集中,再加上教师的适当引导和鼓励,就容易让幼儿大胆、无拘无束地用绘画表现事物。

许老师主要运用了图文并茂的小故事表述自己的观察,同时,一学期两次有质量的观察,针对孩子发展薄弱的方面进行解析,并有方向地具体引导,提

---

① 案例提供者:许倩云

高孩子在美术活动中的绘画能力。

　　针对幼儿美术活动中具体行为表现的观察，教师可以用捕捉连续性画面的形式，也可以用图文并茂的形式进行记录。叙述观察小故事来记录幼儿美术活动中的表现，这种记录手段的叙事性更强。在描述过程中应注重客观性，避免主观的猜测性的描述，之后对幼儿活动中出现的行为进行解读分析，促使下次针对该幼儿出现的问题以及不足之处能有更具针对性的指导策略。当然这需要一个过程，针对幼儿的具体行为表现的过程性观察和评价，不能通过一次的观察就确定幼儿的发展情况，需要一定时间的观察和比较。因此，必须坚持一段时间的观察和记录，通过对该阶段幼儿的行为表现的比较分析，评价幼儿的发展情况。

　　2．对教师的评价

　　评价工具的实施中，我们不仅研发了对于幼儿活动的观察评价表，还在幼儿活动观察评价表的基础上，融入教师的操作要点，针对教师的活动组织与开展进行评价，尝试做到一表两用。

　　案例4-3[①]：园长对教师执教活动的评价

观察者：园长	时间：2017年9月28日	观察对象：幼儿、教师
具体描述	图4-5　幼儿美术绘画作品	自己能安排画面；用不同的材料工具表现；能均匀地在轮廓内涂色，有相似色；整体结构、动态、特征细节表现灵活，画面布局有大小、疏密、上下考虑。
	图4-6　幼儿美术绘画作品	自己能安排画面；用不同的材料工具表现；能均匀地在轮廓内涂色，几乎不考虑相似色；整体结构、动态、特征细节表现灵活，画面布局有上下考虑。

---

① 案例提供者：金晓锋

观察者：园长		时间：2017年9月28日	观察对象：幼儿、教师
对幼儿的评价	1.情感态度、行为习惯：14名孩子都能达到C状态。 2.认知技能：孩子对海洋生物比较熟悉，大部分孩子都能熟练地表现出海洋中的鱼类、虾、海星、刺豚等。个别孩子不会借形想象的方法。 3.线描的状态：大部分孩子用粗细不同的笔，个别幼儿能用图形、黑白的对比。		
对教师的评价	1.整体幼儿运用上次美术活动的建议。（分析孩子美术作品水平；提供多样美术材料工具，并逐步引导幼儿学习运用；提高孩子美术用色表现能力，逐步从主题物、背景涂色开始学习和推进。） 2.个别幼儿：根据当前孩子在美术表现方面能力突出的问题，采取针对性的教育措施。 3.美术教学设计：围绕目标借形想象，了解幼儿经验，设计时突出重点难点。		

案例4-4[①]：教师对教师执教活动的评价

观察者：潘老师	时间：2017年11月28日	观察对象：幼儿、教师
具体描述	图4-7 幼儿美术绘画作品	

---

① 案例提供者：潘丽

(续表)

观察者：潘老师	时间：2017年11月28日	观察对象：幼儿、教师
对幼儿的评价	1.幼儿当下参与绘画活动还是比较感兴趣的，绘画时比较专注。有两个女孩在构思上花了一点时间。其他幼儿思考一会儿后就开始绘画。 2.活动中运用了记号笔和蜡笔，幼儿都比较熟悉了。 3.在介绍自己作品的时候，幼儿还是比较自豪的。 4.幼儿有序地完成自己的作品，并将工具收整好。	
对教师的评价	1.教师提问幼儿对于班级值日生工作内容和工作人数安排是什么，幼儿无法回答。这个环节的建议与调整：（1）教师需要关注幼儿前期经验的收集。（2）直接出示值日生版面的设计让幼儿看着版面直接说出。 2.了解值日生工作有助于幼儿标志的设计，因此教师在第一环节对于工作内容及人员安排都进行了重点的介绍。重点只是了解值日生的工作内容，人员安排是次要的。 3.教师提问：如何让大家知道谁是值日生？幼儿回答不出。教师可以进一步引导，如佩戴值日生标志、查询值日生安排表等。活动的重点是设计标志，教师可以提供给幼儿更多关于标志的欣赏，如图片式的标志、标记式的标志等。教师提供的两张图片都过于单一了。这对幼儿之后的设计有了一定的局限。提出的设计要求要明确明了，教师话语比较啰唆。 4.教师用照片的方式呈现，这样的方式还是比较好的，一目了然。但在讲评的环节中没有侧重点的体现。建议：可以进行分类归类，让孩子们有针对性地介绍，教师关注幼儿绘画中的难点和问题，在讲评时更有针对性。	

教师组织的各项活动，往往能体现出教师对教育目标、教材内容、教学手段和方法熟悉程度，同时能了解教师对幼儿各方面发展情况的掌握程度和指导过程，因此，每学期、每月、每周都会有管理层对教师的评价及教师对教师的评价，并以随堂听课、教学展示、预约听课等多种活动形式展开。观课老师会将观察与评价有效结合起来，全面具体地关注整场教学活动，对于幼儿的行为表现。观课老师会细致客观地描述，观察幼儿的学习状态是否表现出持续专注等，结合观察表中的项目目标进行客观的阶段描述评价。观课老师同时还会观察执教老师的执教过程，关注师幼互动、教学组织环节中的实施情况，最后以记录、照片的模式进行评价分析，之后将调整建议反馈给执教老师，促使教师教学组织能力的提高，更加了解本班幼儿发展情况。

实践证明，通过分析评价结果，教师在教学过程中会针对幼儿发展的不足之处进行相应的调整，在日常环节中有针对性地进行弥补，一定程度上促进了幼儿园美术活动特色的推进和幼儿的能力发展。

三、指导与反馈

《幼儿园教育指导纲要（试行）》明确提出："教育评价是幼儿园教育工作的重要组成部分，是了解教育的适宜性、有效性，调整和改进工作，促进每一个幼儿发展，提高教育质量的必要手段。"有效的教育评价，不仅能促进教师素养提升、幼儿身心发展，还能促进管理科学化，实现幼儿园可持续发展。对幼儿观察、评价的最终目的是让孩子们得到更全面的发展和进步；对教师观察、评价的最终目的是让教师们的专业水平得到有效的提高。如果观察、评价是初级阶段，那么指导与反馈就是第二阶段，只有及时、专业、有效地指导与反馈，教师与幼儿才能得到更好的提升。

（一）指导与反馈——促教师专业水平发展

1. 基于现场描述性的反馈

教师进行现场观察、评价后，通过现场描述性的文字再现活动时幼儿的表现，基于这些描述性的反馈，教师能及时调整自己的教学活动，以达到最佳的教学效果。

2. 基于目标改进性的反馈

教师观察评价后，基于幼儿们在活动中的表现进行解读分析，针对活动中出现的问题或者困惑进行改进式的反馈，提出改进的策略。以对话反馈的形式为多，对话反馈是指评价者围绕教师课程实施中的半日活动或者四大领域等具体教育教学实践行为与被评价者开展相应的口头对话反馈。面对面的对话反馈更加细致深入地剖析问题，提出建议，其指导针对性、操作性非常强，具有个性化的特点。

3. 基于效果跟踪性的反馈

当我们的研讨得到改进式的反馈后，为了让幼儿们得到更好的发展，我们都会进行跟踪式的指导，同时也能反映教师们专业的水准。

（二）指导与反馈——促幼儿全面发展

1. 解读云平台统计表

案例 4-5[①]：依托信息化平台进行关于小班生活环节的数据分析 1

小班阶段，对于幼儿生活的观察、评价无处不在，然而观察评价后怎样的信息反馈能促进幼儿的全面发展是教师需要思考的问题。以"教研大组""年级组""临时项目组"为群体的反馈方式共同解读统计表，通过解读，教师们更好地了解幼儿的发展，不管是幼儿个人纵向的发展还是班级横向的发展，都能从统计表上很好地体现。

---

① 案例提供者：顾华叶

观察目标：观察华××在同伴的影响下来园初两个星期的一日生活活动中情绪的变化情况

观察记录

选择指标：情绪 ▼

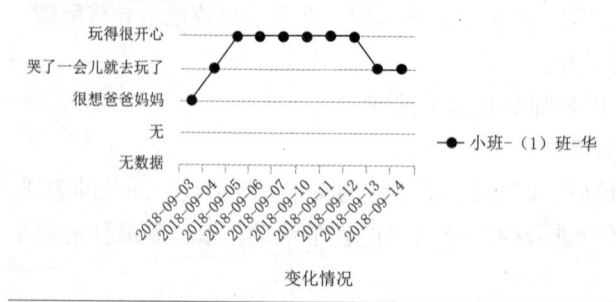

[折线图：纵轴自上而下为"玩得很开心"、"哭了一会儿就去玩了"、"很想爸爸妈妈"、"无"、"无数据"；横轴为2018-09-03至2018-09-14；图例：小班-(1)班-华]

变化情况

结论：从这张折线图中可以看出，华××开学初两天哭闹情况很严重。经过和妈妈沟通了解到他的好朋友沈××也在班里，两个好朋友一起玩后情绪明显有好转。看来找到同伴一起玩能够使孩子们来园心情愉快。

建议：无

案例4-6[①]：依托信息化平台进行关于小班生活环节的数据分析2

观察目标：观察沈xx来园初两个星期的一日生活活动中午餐的情况

观察记录

选择指标：午餐 ▼

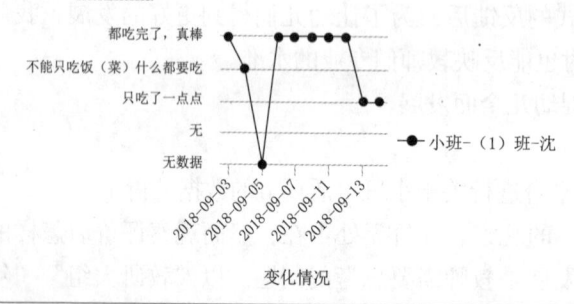

[折线图：纵轴自上而下为"都吃完了，真棒"、"不能只吃饭（菜）什么都要吃"、"只吃了一点点"、"无"、"无数据"；横轴为2018-09-03至2018-09-13；图例：小班-(1)班-沈]

变化情况

结论：从这张折线图中可以看出，沈××第一天不愿意喝汤。为了帮助孩子改掉这个不良习惯，我就找来了干净的啵乐乐瓶，在里面灌上了汤给他喝，并跟他说："这也是啵乐乐，是一种新味道，不过也很好喝。"孩子信以为真慢慢地就不再吵着要饮料喝，于是我将这个"汤"再倒入碗中，他慢慢地爱上了喝汤。

建议：可以通过家园合作的方式，让宝宝在家里也尝试喝汤。

2．寻找发展的优势与问题

通过观察、评价，我们能清楚直观地了解到幼儿们各方面的发展，同时教

---

① 案例提供者：顾华叶

师们或者家长们可以从中发现幼儿们发展的优势以及碰到的问题,这样教师们、家长们可以针对优势进行更好的发挥,同时面对问题进行有针对性的指导以及反馈,促使幼儿更全面地发展。

表4-5 幼儿月发展评估表

Month __Oct..__　　Class __2__　　Name __小宋__　　Date __30__

在园情况:	老师根据幼儿情况填写:
健康:学习听信号变速、变方向走,步伐一致,能轻松自如地绕障碍曲线走。	✓ 你真棒★★★　□ 有进步★★　□ 要加油★
社会:知道中国的首都是北京,认识并尊重国徽,会唱国歌,为自己是中国人而自豪。	□ 你真棒★★★　✓ 有进步★★　□ 要加油★
语言:能用恰当的语言表达自己的所见所闻及心理感受。	✓ 你真棒★★★　□ 有进步★★　□ 要加油★
艺术:引导幼儿欣赏绘画作品、工艺品、建筑物等,培养幼儿初步发现周围环境中美的能力。	✓ 你真棒★★★　□ 有进步★★　□ 要加油★
科学:使幼儿喜欢并长时间参与科学活动,能用语言交流发现的问题。	□ 你真棒★★★　✓ 有进步★★　□ 要加油★

3．有针对性地提出改进建议

根据观察、评价的结果,结合幼儿们的特点,我们有针对性地提出改进建议。

案例4-7[①]：小高爱上午睡活动

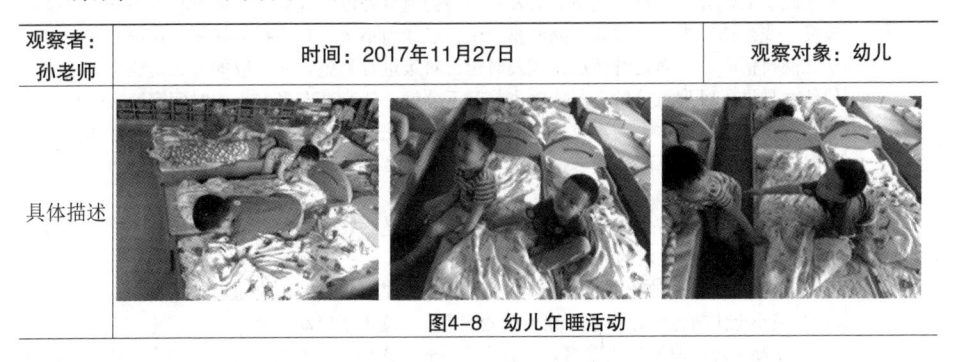

观察者:孙老师	时间:2017年11月27日	观察对象:幼儿
具体描述	图4-8 幼儿午睡活动	

---

① 案例提供者:孙芳静

| 为了孩子个性的绽放 |

（续表）

观察者：孙老师	时间：2017年11月27日	观察对象：幼儿
具体描述	1. 午睡时间到了，小高并没有自己动手脱衣裤，而是在床上爬来爬去，还去拉旁边小朋友的被子。看到这种情况后，我及时走过去引导孩子脱裤子和衣服，但是小高却没有听我的要求，望着我还是不脱裤子，于是我只能帮小高把他的裤子脱下来，帮他叠好裤子。全程小高只是在旁边看着，我让他自己叠叠裤子，可是小高并没有想动手尝试的意愿。 2. 等到小高躺在床上后，我坐在小高旁边，小高一直在咬嘴唇，或是把两只手晃来晃去玩，没有闭上眼睛。我只能不停地重复让他乖乖地闭上眼睛，并轻拍他的身体，哄着他睡，不过一会儿小高又睁开了眼睛，如此反复。	
评价分析	小高小朋友是一个很调皮、可爱的男生，刚开学那会儿一到午睡总是会闹很久，总会喊着"我想外公……什么时候回家……我要回家……"，一段时间后情绪开始稳定了，但午睡还是存在很大的问题——依赖性强，不肯自己动手穿脱衣服。一开始老师总以为是他不会自己穿脱，偶然间发现其实他都会。	
策略跟进	1. 帮助幼儿做好睡前准备 （1）饭后带孩子们外出散步，在阳光下慢慢地走一走，看看幼儿园的花花草草，晒晒太阳，在草坪上讲讲故事。外面逛完一圈嘴巴里食物咽下了，帮助了消化，情绪也不兴奋了，这样有利于幼儿平稳情绪，易于入睡。 （2）在幼儿午睡前的分组盥洗时，等待的幼儿可以让他们听一些舒缓的、利于睡眠的轻音乐，让幼儿酝酿睡觉的情绪。 2. 加强午睡常规培养 （1）在睡前提醒每位幼儿去盥洗室小便，以免午睡时有尿床现象，影响幼儿的午睡质量。 （2）在午休环节或是离园环节都可以以儿歌的方式教孩子们穿脱衣裤、折叠衣裤，以朗朗上口的儿歌帮助幼儿掌握方法，给孩子们实践的机会，逐步提高他们的生活自理能力。特别对于小高，可以让他在早上来园时多去娃娃家玩，帮娃娃穿脱衣裤、折叠衣裤，逐步提升自身的生活自理能力。 3. 因材施教，有针对性地提高幼儿的自理能力和自信心 （1）小高属于动作比较慢、自理能力比较弱的宝宝，虽然在老师的帮助下慢慢学习穿脱衣裤，但动作还是很慢，对于脱裤子和把裤子翻到正面还存在一定的问题，每次都是最后几名才睡着的幼儿，一段时间下来后发现小高的速度并没有提高，反而有种放不开手去做的情况。我想速度慢这件事让小高心里产生自己能力不足、我不行的认知，这样不利于增强幼儿的自信心。针对这种情况，我及时想出对策进行调整。我采取的方式是让小高比起其他幼儿早进入卧房五分钟，起床时也早起五分钟，让小高有多一点的时间穿脱衣裤，从而不会比别的孩子慢太多而没有自信，果然这个方法让小高很接受，在没有其他幼儿对比的情况下，小高速度也在一点一点提高。 4. 用适合的方式帮助幼儿尽快入睡 虽然让小高提早脱好衣裤睡觉，但小高的入睡还是比较困难的，喜欢在床上不停地翻动，针对这种情况我们采取的方法如下： （1）继续关注小高的情绪，询问是否身体不适或是要小便等情况出现。 （2）用小毛巾替他遮住眼睛，让小高适应昏暗，逐步适应幼儿园的午睡环境。 （3）小高午睡时喜欢有人陪着，并且喜欢摸着大人的手，那么老师就陪在旁边让小高搭着老师的手臂入睡。	

（续表）

观察者：孙老师	时间：2017年11月27日	观察对象：幼儿
策略跟进	5.以表扬、鼓励的方式激发幼儿想要表现更好的意愿 在陪伴小高午睡的同时，也要及时表扬自理能力强、入睡快的孩子，奖励他们小贴纸或是小饼干等物品，并且以语言提示幼儿："谁的本领很大能自己脱衣裤，安静睡着不用老师陪，等他起床后可以得到老师为他们准备的爱心印章哦。"这样做的目的一方面是帮助幼儿改掉午睡时做小动作的坏习惯，另一方面也是让小高知道老师喜欢表现好的幼儿，给他树立榜样，激发他想要变好的意愿。小班的幼儿很喜欢老师奖励的物品，不要小看这些小玩意儿，这些小小的奖励可以提高孩子的自信心，让孩子有成就感，增进师幼间的感情。 6.家园共育，共同帮助幼儿进步 幼儿良好的午睡习惯不是在几小时或几天之内就可以养成的，它需要长期的培养。因此光靠幼儿园单方面努力是远远不够的，还需要家园共育。对于小高的一些问题，我们也及时和小高妈妈进行了沟通，很感谢小高妈妈一直支持并配合老师的工作，我们建议家长在周末时也让小高在12点左右至14点30分这段时间午睡，并且不要过分营造午睡的环境、溺爱幼儿、惯着幼儿，让宝宝尽量养成独自入睡的习惯，以便适应集体午睡的环境。	

通过各方面以及各种方式的指导与反馈，教师以及幼儿都得到了全面的提升，教师通过对幼儿的观察、评价来分析自己教学中存在的问题、教学目标、教学环节以及手段等，同时分析幼儿发展中的优势以及问题，提出针对性的策略来帮助幼儿们全面发展。

指标的制定、工具的研发让教师、幼儿评价更为专业，评价表的实施不仅能让我们看到对幼儿个性化发展的评价过程，还能看到教师自身专业发展的过程性评价。在评价工具较完善的基础上，教师们通过拍摄照片、录制视频、云平台数据分析与对比等方式对幼儿个性化发展做出更为全面的评价。

第五章　幼儿个性化教育的有效载体

——《幼儿成长手册》

第一节　《幼儿成长手册》编制的思路、价值与意义

一、主要思路

随着"二期课改"的不断深入，我们幼儿园借鉴了先进的幼儿发展评价方法，在原有实践基础上，变革了《与家长对话》家园联系手册，整合多元功能，以"幼儿成长"为主题，创生并开发运用了适宜幼儿发展的《幼儿成长手册》，构建起"教师—幼儿—家长"三位一体的对话机制，践行"每时每刻关注每位幼儿的每个进步表现"的行动策略，为每个孩子积累丰实的成长故事、发展点滴，寻找幼儿成长的轨迹，探寻幼儿发展的规律。

二、核心价值

我们根据保罗·弗莱雷的"对话式"教学理念，提出了"与幼儿对话"的教育观点，即教师与幼儿首先是作为"人"相遇在一起的，师幼之间应是一种人格平等的关系，教师要尊重幼儿，信任、热爱幼儿，在与幼儿平等对话与交流中以智慧、情感启迪幼儿，促进孩子的发展；我们在此基础上，开发了《幼儿成长手册》，并在探索使用的过程中不断加以研究与完善。引导教师在关注孩子学习方式、成长历程的基础上解读幼儿，因材施教，探索教师与幼儿之间高效"对话"的方式、途径，促进每位幼儿的成长。

联合国儿童基金会教育顾问吉姆·欧文曾经指出，过去对儿童的支持侧重于提供机会，较少关注幼儿可持续及个性化的发展，往往使孩子获得的成功体验是片段的、零星的。如何在孩子面前呈现一个不断成长、不断获得进步的个性化动态轨迹，让孩子看到自己昨天到今天的变化，感受到"我能行，我可以"，这是"对话式"资料收集的意义。观看自己过去的艺术作品、活动照片，与同伴、老师之间的对话……帮助孩子从多个侧面了解自己的成长轨迹，认识到自己的聪明才智，使孩子对自己的未来、能力充满自信，变得更勇敢、更自信、更热情、

勤思考。这些个性化品质的获得和积累对孩子的终身发展都是有意义重大的。

我们以《幼儿成长手册》的建设为载体，开展档案袋式的、互动式的、过程式的幼儿发展评价，并引导家长参与幼儿发展评价，其最根本的目的，是促进每个幼儿更好地发展，同时也促进教师的自我成长和新课程的实施。

教师作为幼儿教育最关键的力量，其专业发展水平直接影响着幼儿生活及其发展状态。而幼儿园管理就是要为幼儿成长和教师发展成长提供有力的机制保障、服务支撑，我们依托《幼儿成长手册》这一载体，通过园本研修机制，在园长与教师对话中，在教师与教师对话中，促进教师的专业发展。

我们遵循：实践"对话教育"思想，并寻找适宜的、物化的载体，使理念与实践对接；研究幼儿园过程性评价的方法，寻找《幼儿成长手册》制作的特点、规律，探索幼儿发展评价与课程建设之间相互促进的方法，探索提高教师观察幼儿、解读幼儿、评价幼儿发展的方法、原则、途径等。

三、实践意义

通过《幼儿成长手册》，实现了"以幼儿发展为本"理念的真正落地；积累了一些幼儿发展观察记录表、幼儿发展评价表，总结了很多观察解读幼儿的方法、评价的方法，为幼教同行提供了操作层面可以借鉴的实践资料；不断完善课程的园本化体系；引导家长参与幼儿成长的观察与评价，不断提升家教水平，实现家园共育。

同时试图实现一定程度的实践创新。我们开发了《幼儿成长手册》，研究了预设板块和生成板块，以图文并茂的方式呈现幼儿全面、富有个性的成长过程和发展水平的基本结构。确立了以幼儿发展为导向、以教师为主导、幼儿及家长共同参与的评价新模式，突出评价的发展性功能，让教师的目光越来越多地投向孩子，让教师的视角从关注结果转为关注每一个孩子的发展过程。另外，依托《幼儿成长手册》，探寻幼儿发展、教师培养、园本研修之间的内在关系，探索幼儿园教师专业引领的新机制。

第二节　《幼儿成长手册》编制的目的、内容与原则

一、背景与目的

二期课改已进入深化阶段，作为改革的瓶颈，幼儿发展评价问题受到了幼教工作者的广泛关注。在科学理念的引领下，借鉴各种新的评价方法，构建符合幼教改革要求的幼儿发展评价体系，是当前幼儿园教育评价研究面临的重要课题，由此创生出很多评价思想，也涌现出几种新的评价模式与方法，如表

现性评价、档案袋评价等。而以幼儿成长记录册为载体的发展评价模式，将过去幼儿评价的单一甄别功能，转变为教育过程性评价、幼儿教育与幼儿发展相互促进的有机整体；将过去教育评价中惯用的终结性评价，转变为对幼儿发展的个性化、过程化、多元化的发展性评价；将过去教师评价幼儿时只关注幼儿发展水平与评价标准之间的差异，转变为更加关注每一个孩子的成长方式和发展过程，从而真正地发现每一个孩子的潜力，促进其生动、活泼、富有个性地发展。

另外，《上海市学前教育纲要》指出："儿童的发展受到来自学前教育机构、家庭、社会多方面的综合影响，学前教育机构必须与家庭教育、社区教育互相协作配合，提高对儿童教育影响的一致性和有效性。而家园共育重在沟通，关键在于互动合作。"一直以来，家园联系册作为一种传统的、现实有效的沟通方式是幼儿园常用的联系方式之一。但是，随着电脑的普及、家校互动网络平台的运用，每月反馈一次、"只见树木不见森林"的家园联系手册显然有些滞后于信息技术的快速发展和幼儿的发展需求。

基于以上认识，我们幼儿园变革了家园联系手册，整合了多元功能，创生并开发运用了适宜幼儿发展的《幼儿成长手册》，其目的是构建起"教师—幼儿—家长"三位一体的对话机制，以此积极实践本园"每时每刻关注每位幼儿的每个进步表现"的行动策略，为每个孩子积累丰实的成长故事、发展点滴，寻找幼儿成长的轨迹，探寻幼儿发展的规律。

《幼儿成长手册》，自每位幼儿入园开始建立并积累，展现孩子完整的成长历程、幼儿发展的不同阶段水平、幼儿的不同个性。教师仔细收集幼儿在园三年期间一日活动各环节中，一些颇具发展水平和个性特点的照片、作品、主题实践活动资料，注重观察、解读，注重有效教育方法的积累；教师和家长采用文字、符号等形式开展幼儿每月发展评估，体现家长和孩子富有个性化的评价方式，体现幼儿发展评价主体的多元化；家长、老师将孩子在家、在园情况作为一种教育信息相互传递，有效互动，有针对性地开展个别化个性化教育，促进每位幼儿的发展。

我们幼儿园依托《幼儿成长手册》，积极探索基于民主、平等师幼关系的"与幼儿对话"；依托《幼儿成长手册》，鼓励家长参与幼儿故事的记录，探索基于孩子成长历程的"与家长对话"；依托《幼儿成长手册》，确立以幼儿发展为导向、以教师为主导、幼儿及家长共同参与的评价模式；依托《幼儿成长手册》，探寻幼儿发展、教师培训、园本研修之间的内在关系，探索幼儿园教师专业引领的新机制。

二、基础与内容

（一）基础研究

1. "与家长对话"研究阶段

贝贝幼儿园自2001年9月创办起，开展了"与家长对话"的实效调查与实践研究，研发了沟通家校的桥梁——《与家长对话》家园联系手册，通过这一载体加强了学校与家庭的联系与沟通，解决了家校互不了解孩子的具体表现的问题，转变了教师与家长观念，促进了每位孩子的发展。2004年2月我们形成了阶段性总结报告《加强沟通，促进家校合作教育》，并获得了青浦区第十届教科研成果二等奖。

2. "与幼儿对话"研究阶段

自2002年9月起，贝贝幼儿园研发了《宝宝的足迹》幼儿成长手册，通过教师们的记录与收集，初步探索"与幼儿成长历程对话"的表现内容与方式。2004年9月，由园长引领并探索了"园长—幼儿—教师"三位一体的"与幼儿对话"实践研究，进一步丰富了"对话"的表现方式，探索分析了"与幼儿对话"的特点和效用。2005年12月形成了阶段性总结报告《倾听·对话·成长》，并获得了青浦区第十一届教科研成果三等奖。

3. 《幼儿成长手册》实践研究阶段

2005年9月至2009年9月，在前期实践研究的基础上，我们将《宝宝成长足迹》《与幼儿对话》《与家长对话》三本手册整合成《幼儿成长手册》。积极探索基于民主、平等师幼关系的"与幼儿对话"，构建"教师—幼儿—家长"三位一体的对话机制，确立以幼儿发展为导向的评价方式；同时思考《幼儿成长手册》和教师专业成长之间的联系，探索幼儿园师资培养的捷径。

（二）研究方法

1. 经验筛选法

通过对全园小、中、大班《幼儿成长手册》相关资料的整理分析，总结实践经验，把握要解决的关键性问题，寻找相对应的有效策略。

2. 案例研究法

通过对《幼儿成长手册》所形成的幼儿发展个案的研究，开展适宜每位孩子成长的教育。通过教师在收集制作《幼儿成长手册》过程中的经典案例，交流实践体会，总结成功经验，探讨现存问题，寻找解决方案，最终达成共识，提高教师的专业素养。

3. 行动研究法

在幼儿园自然的、动态的工作状态下，在《幼儿成长手册》运行质量的全程监控过程中,通过园长和教师们有计划地、分步骤地实践,收集分析反馈信息和评价结果,不断调整管理和教育行为,解决《幼儿成长手册》运行中的共性问题,大面积提高行动质量,并实现"对话"理念在行动中的真正"落地"。

(三)板块与内容

第一板块:预设活动部分

1. 幼儿基本情况

包括:个人喜好、入园时情况、宝宝提出的问题、宝宝的心愿、宝宝对大人说的话等。

2. 与家长对话

以书信的方式,教师与家长之间进行专题性的对话交流,互通信息,传播理念,传授方法,促进孩子家园同步发展。

3. 幼儿发展评估

包括:每月在园评价、在家评价、生活小故事、童言稚语、成长点滴、每学期"向您汇报孩子的成长"、新生幼儿9月"我在进步"观察评价等。

4. 幼儿美术作品

通过收集、解读幼儿不同阶段具有代表性的美术作品,呈现孩子的阶段发展水平,了解孩子的内心情感、个性特点、生活经验、思维方式等。

5. "与幼儿对话"教师观察记录

教师以幼儿在园一天的生活为内容,通过观察幼儿在各类活动中的表现,采用图文、照片的形式,呈现孩子的发展状态,分析幼儿行为背后的成因,提供可操作的策略与适宜的教育行为,最终实现幼儿的自主发展。

第二板块:生成活动部分

1. 主题活动类

收集幼儿在一系列主题活动开展中的表现的资料。

表5-1 主题活动表

主题活动	活动内容
经典特色活动	小帮手、小小播音员、环保小卫士、小老师、值日生等
主题实践活动	参观小学、走进消防队、家长老师进课堂、小小运动会、圣诞化装舞会、亲子制作图书、春游计划书、春游精彩瞬间、小小音乐会等
竞赛类活动	小百灵歌唱比赛、小青蛙故事比赛、快乐童声诗歌朗诵比赛、主题画展等

2. "我在进步成长"类

收集幼儿每周每月"我在进步成长"的资料。如各类奖状、"我在进步小档案"等。

3. 家长家庭教育札记类

收集家长在家庭教育过程中的一些教育札记等内容的。

4. 幼儿在家的各类作品

收集除了幼儿在园的作品，幼儿在家的个人或亲子作品的。

三、原则、价值与保障

（一）编制的原则

1. 典型性原则

幼儿在园一日活动内容丰富，《幼儿成长手册》不是记"流水账"，更不是所有材料的堆积，而是要收集能充分反映幼儿个性特点、发展现状的典型事件，记录每个幼儿独一无二的行为表现。

2. 直观性原则

《幼儿成长手册》涉及的对象是幼儿、家长和教师，为了让幼儿最大程度地参与收集材料，理解材料的内容，为了引发家长的关注热情，仔细了解手册内容并主动参与收集材料，为了让教师在创建和收集的过程中更加关注幼儿个体，正确把握个性特点，更好地反思自身教育行为，《幼儿成长手册》中收集的内容以图片和照片为主要形式，再附以描述和分析幼儿行为的文字、符号，并进行一定的修饰。唯有使材料直观、艺术地呈现，才能吸引人的眼球，引起人的广泛关注。

3. 过程性原则

活动结果不再是评价幼儿活动质量的唯一标准，幼儿评价更应该注重幼儿的活动过程，因为同一个活动结果往往隐含着幼儿截然不同的思考和行为过程。

第一层面：《幼儿成长手册》呈现幼儿活动的全过程。如幼儿参加环保小卫士活动，教师用照片的形式捕捉幼儿换上环保小卫士服装、大声地说宣传口号、遇到问题并解决等一系列的过程，并用文字记录幼儿的语言与行为。

第二层面：《幼儿成长手册》呈现幼儿发展的过程。教师对幼儿各个阶段的表现进行观察记录，家长与幼儿通过前后内容的比较，能清晰地看到幼儿初入园至毕业离园之间所发生的重大变化。

第三层面：对话手册是由幼儿、教师、家长三者之间的共同活动构建而成的教育资源综合利用的过程。

4. 真实性原则

任何评价最终的目的都是"促进幼儿的发展"，这就要求教师的评价必须建立在幼儿真实的活动上，不能根据教师主观的臆想来判断，因为只有通过幼儿活动中的真实表现，才能获得和了解幼儿的发展现状，从而有针对性地实行个别化个性化教育，真正促进幼儿发展。

5. 联动性原则

《幼儿成长手册》的内容不仅反映幼儿突出的表现、取得的变化，同时也反映幼儿在各项活动中呈现的个体差异。教师在《幼儿成长手册》中呈现差异表现后，再结合幼儿年龄特点、个性等因素进行客观的分析，并给予家长有效的建议。因此，家长的身份就由《幼儿成长手册》的"旁观者"转变成为教育行为的"实施者"，教师则由"观察者"转变为"引导者"，幼儿则从"活动着"走向"发展着"。这样的联动使幼儿成长，同样也使教师和家长成长。

（二）应用价值

通过阅读每个幼儿的《幼儿成长手册》，我们能够发现每一个孩子独特的个性特点和良好的发展历程，也能使人充分感受到：在老师眼里，每个孩子都是重要的、独特的、发展着的，每个孩子各有各的好；在家长眼里，孩子在园的一天生活是充分得到关注的，教师是用心教育的；在园长眼里，每个教师是在不断进步着，"他们都是园长的宝"。

1. 相互作用，促进幼儿自主发展

《幼儿成长手册》不只有教师与家长对幼儿的评价，同时也包含了幼儿的自我评价，是一个引导幼儿了解自己、认识自己、展示自己的"身份证"。教师与家长用发展的眼光捕捉幼儿身上的闪光点，幼儿也能通过《幼儿成长手册》开展一定的自我评价，形成自我发展的主动性。

2. 引发思考，促进教师专业成长

《幼儿成长手册》作为幼儿发展性评价的一种补充方式，也同样是教师自我成长的重要途径。教师作为幼儿发展评价的重要主体，其教育理念、评价方式直接影响评价效能的发挥。在《幼儿成长手册》内容的收集过程中，教师需要用细致的心、敏锐的眼，观察和分析幼儿的行为，还要根据幼儿的行为随时调整自己的教育策略，这就要求教师必须不断学习与思考，进而提升自己的教育素养与能力。

3. 家园共育，加大家长教育力度

以往家长对孩子的评价更多偏向于做横向式的比较，而如今，通过《幼儿成长手册》的阅读，家长更为清晰地了解到幼儿园课程目标和内容，了解幼儿的发展水平是否达成目标以及还存在的差距，不同阶段资料的呈现让家长能对幼儿的行为表现进行前后比较，从而客观地对孩子做出纵向的评价，并及时地与教师沟通，汲取教师教育经验的同时也提供自己的有效教育对策，真正融入对孩子的教育中，达成家园共育。

在教师、家长、幼儿的相互作用下，孩子们在自信中进步，在快乐中成长！

（三）制度保障

我们幼儿园为了有效开展个性化教育，促进幼儿发展，制定了一系列保教工作配套制度，2009年重新调整了"幼儿成长历程观察与评价"制度，目的在于：倡导教师有效实践贝贝幼儿园"每时每刻关注每位幼儿的每个进步表现"的行动策略，并付诸教育行为，合理分配观察与跟踪对象，用图片、作品等不同方式收集与记录有关幼儿发展的有价值资料。制度的部分内容包括以下内容。

1. 与幼儿对话

每位教师用自己个性化的方式，每学期完成对全班每个幼儿的观察记录至少一次，并做出合理分析，提出教育措施。

2. 幼儿的发展评估表

每班每月完成每个幼儿的发展评估表一次。月底下发，引导每个家长认真填写完毕后月初存入《幼儿成长手册》中。

3. 幼儿美术作品

每月收集每位幼儿美术作品一份，并进行作品解读，其他各类主题资料若干。

（1）上午班老师负责本周的作品收集。

（2）周五进行统计，并能有针对性地计划好下周的幼儿作品收集，避免重复或者个别幼儿存在多幅作品的情况。保证每月每个孩子至少有一幅不错的作品。

（3）三个给教师的建议。积累：孩子的每一份作品——精彩的、有趣的、有意义的、有待改进的。倾听：孩子的心声——每份作品背后必有孩子的故事。解读：体现专业水平，坚持"耐心＋童心＋用心"。

（4）四个作品来源。日常美术集体教学作品，"美术工作室"作品，区域活动美术作品，亲子类作品。

（5）五个制作小窍门。作品可以以裁剪、重新组合的方式展现，展现出绘画作品的过程与成品，解读的部分图形、花样可以多变，加上适当的点缀和花边、花纹装饰，解读的块面要明了、清晰。

（6）六大类可以收集的作品。画面美观、绘画技能较好、绘画形式多样的作品；绘画技能或画面有突出进步的有趣作品；展现孩子主题活动经验的典型作品；孩子自我解读完整、感觉优秀的作品；作画过程反映孩子学习习惯的作品；能呈现绘画技能问题，需要家园共同关注、解决问题的作品。

（7）七个可以解读的方面。作品的名称、绘画日期；作画的背景，或者主题的概况；孩子的绘画技能、绘画水平；描述孩子绘画的过程；展现孩子主题活动的经验；通过作品反映出孩子的学习现状或者精神品质；孩子自我对作品的理解、评价。

4. 个别幼儿跟踪观察研究案例

每学年完成一份个别幼儿跟踪观察研究案例。

5. 《幼儿成长手册》的下发与回收

每学期末下发一次《幼儿成长手册》，下学期初回收。

6. 对《幼儿成长手册》运行质量的抽查、评价与指导

每学期集中一次，接受园长对《幼儿成长手册》运行质量的抽查、评价与指导。

7. "进步宝宝"评选

"周进步宝宝"评选，进行班级奖励与展示；"月进步宝宝"评选，进行贝贝网站风采展示；"年度进步宝宝"评选，进行六一节表彰奖励。

8. 观察与评价

学期初：年级组每学期组织一次小组合作式观察与评价。

学期末：业务部门每学期组织一次小组合作式观察与评价，以班级为单位，以学科和综合为主要内容，对各年龄段幼儿在某一领域针对性教育举措和整体发展情况做出观察与评价。

学期观察与评价：班级教师每学期开展一次学期观察与评价，并分析个体和全体幼儿在发展中的共性优势和弱势，制定有针对性的教育措施，提高幼儿发展水平。

9. 检查与指导制度

园长定期检查与指导制度。每学期一次，围绕幼儿个性化教育的观察与评价记录资料进行检查和指导，并收集相关信息、经验和问题，对问题提出改进意见，对经验进行辐射。

保教管理部门在日常听课评课活动中，对幼儿观察评价记录与个性化教育措施开展常态化的检查与指导。和教师一起收集"基于个性化教育的幼儿观察与评价故事"。

10. 专题经验交流与分享

利用思享汇、暑期师训活动，围绕"基于幼儿个性化教育的观察与评价"开展专题经验交流与分享。

通过邀请专家讲座、书籍阅读等方式对教师开展如何观察和记录、如何对观察数据进行收集与分析、如何制定个性化教育措施的专业培训，提高观察评价、分析和实施个性化教育的能力。

第三节　依托《幼儿成长手册》促进幼儿个性化发展的实例

一、依托《幼儿成长手册》促进幼儿个性化发展

我园依托《幼儿成长手册》，积极探索民主、平等的师幼关系，并借助"与幼儿对话"，使手册的内容不仅反映幼儿突出的表现、取得的变化，同时也反映幼儿在各项活动中呈现的个体差异。教师在手册中呈现这一问题后，再结合幼儿年龄特点、个性等因素进行客观的分析、跟踪，从而促进幼儿的个性化的发展。以下是以《幼儿成长手册》为载体，促进幼儿个性化发展的三篇案例。

案例5-1[1]：依托《幼儿成长手册》，对孩子开展午餐观察记录，促进幼儿自理能力的发展。

【小罗的现状分析】

小罗小朋友在家时，爸爸妈妈爷爷奶奶比较宠，样样事情都是奶奶包办的，所以他的生活自理能力比较弱，刚来幼儿园这阶段适应比较慢。幼儿期是培养生活自我服务能力的关键期，是幼儿自我服务能力获得的过程，既是模仿学习和社会化的过程，也是培养孩子独立能力、建立自信心与形成正确自我意识的基础。针对我班小罗小朋友挑食严重、不爱动手吃饭的案例，采用了跟踪观察的方式进行记录，在过程中也能够家园共同探讨培养他独立进餐和不挑食的良好自主进餐习惯的方法。

午餐的环节，小罗小朋友基本上对着自己面前的饭菜发呆，今天的蔬菜是土豆、番茄，荤菜仙贝，一看都不是他爱吃的菜，他耷拉着脑袋不想动小勺。最后把米饭推走，就喝起汤来了。

图5-1　观察记录一：小罗开学初的午餐行为表现

---

[1] 案例提供者：朱慧珍

（续表）

我的做法：
一、对幼儿个别化指导
（一）耐心引导，改变状况
1. 在集体活动中，我和搭班老师通过讲故事、介绍食物的营养等方法，让幼儿知道了样样饭菜都有营养，并用自编儿歌和歌曲《宝宝样样都爱吃》来引导幼儿自己动手吃饭，做样样饭菜都吃的乖宝宝。
2. 在游戏活动中，幼儿做做玩玩，对蔬菜和水果有了一些了解，产生了一些亲切感。幼儿的作品在老师的帮助下被剪贴布置在了教室的墙面上，对幼儿起到了教育和引导的作用。另外，游戏中增加喂娃娃吃饭、喂小动物吃饭等内容，也帮助幼儿熟悉调羹的使用。

（二）给予表扬，不同方法
　　教师在教育过程中能给予幼儿及时、恰当的评价，有助于幼儿自主性的提高。另外，我们还倡导幼儿开展自评，进一步激发幼儿的自主性。
　　表扬与肯定。适当的表扬是幼儿养成良好习惯的"良药"，所以老师运用不同的策略方法，如逐渐添量法、座位调节法（安排在吃饭又快又香的孩子身边，促进幼儿的食欲，渐渐也吃得快、吃得香了）、榜样法，都能很好地改进幼儿的用餐习惯。具体做法如下。
　　有进步的宝宝及时贴纸表扬或者花朵奖励，他们都会很高兴，这样可以调动幼儿的进餐积极性。耐心引导，不离不弃，让孩子在鼓励中不断进步。
　　自主餐点活动结束后，教师可以和他一起聊聊"今天吃点心你遇到了什么小麻烦"，或是"我看到小罗今天吃饭比以前进步了"。
　　在宽松的聊天氛围里，表扬他的进步点滴，对小罗而言，你们的一个肯定的微笑都可以让他感受到自主用餐点的快乐。

午餐的环节，小罗小朋友能够愉悦地开始进餐，能够自主吃完自己的饭和菜，不依赖我们，也会自豪地告诉我："老师我现在都爱吃幼儿园的饭了，我很厉害吧！"

图5-2　观察记录二：小罗几个月后的午餐行为表现

二、对家长个别化互动
家园同步，榜样措施
　　根据调查的实际状况，我一方面与家长沟通，指导家长在家中配合老师对幼儿进行教育和帮助。
　　培养幼儿的自我服务能力，离不开家庭小环境的学习，需要家长们给予幼儿学习与尝试的空间，少包办、多实践、家园同步，相信我们的宝宝会越来越棒。因此我设计了一张家庭生活调查问卷表如下。

(续表)

小罗生活情况调查表一

表5-2　生活情况调查表

问题	是	否
宝宝在家能独立吃完饭菜吗？		
宝宝在家会使用小勺吃点饭菜吗？		
宝宝在家样样蔬菜都吃吗？		
宝宝在家样样荤菜都吃吗？		
宝宝在家能独立吃完水果吗？		
宝宝在家进餐时是否玩耍？		
宝宝在家不愿品尝的食品	蔬菜只吃胡萝卜、芹菜	

通过对家长的问卷调查和调查数据的统计，我发现了一些情况：
➢在家基本不能自己独立进餐。
➢在家中蔬菜只吃个别蔬菜如胡萝卜，荤菜基本是咽不下去的。
➢水果基本上是爱吃的。
　　家长的榜样作用。家长在家要给幼儿合理地搭配饭菜，不要以自己的胃口来衡量孩子的饮食，在孩子面前做一个什么都爱吃的好父母。
　　祖辈少一点包办，多给孩子一点动手机会，你会看到一个能干的孩子。
经过几个月的跟踪观察，发现孩子生活上有了很大的变化。
　　在对小罗一学期的生活成长记录中，获得了许多培养宝宝自理能力的好方法，但在观察记录中也发现，现在家长对幼儿太溺爱，又非常缺乏教育引导幼儿的方法和手段，而且他们在教育引导幼儿方面存在盲区，认识不到现在的问题会影响幼儿今后的发展。这是我们幼儿教育者在教育幼儿的同时应该关注和重视的。

案例5-2[①]：借助《幼儿成长手册》家园合作、促进幼儿个性化发展。

第一阶段对话：
　　东东每天早上来园都会拉着妈妈的手走进教室。听到老师的招呼，东东并不说话，而是绕着妈妈转圈，然后吵着要妈妈陪他换衣服、上厕所、洗手……
　　当看到这些孩子力所能及的事情都要请妈妈帮忙时，老师都会一边对妈妈说："你放心上班去吧，孩子自己能行的。"一边对孩子说："东东，和妈妈说再见，妈妈要去上班了呢！"孩子继续哭着吵着要妈妈帮忙做这做那，老师说的话与孩子的哭吵相形之下，妈妈迅速妥协，一切顺着孩子。
　　通过了解发现东东平时与爸爸妈妈同住，妈妈工作比较悠闲，有较多的时间陪伴孩子，也对孩子的日常生活照顾得非常周到，包办行为很多。
我的思考：
　　每个孩子从家庭走向群体，总会出现各种各样的不适应，缺乏安全感即是初入园幼儿的普遍问题。孩子过渡期的长短取决于多方面的因素：①孩子以往生活环境与经历；②父母的教育方式以及在孩子面前的表现；③幼儿园的环境与教师的因素。
　　东东表现的显著问题在于，妈妈在他每次早上来园哭吵时，给予了积极的回应，给了孩子在情绪波动时最好的呼应，从而延长了孩子的适应期。

---

① 案例提供者：张瑜

| 为了孩子个性的绽放 |

(续表)

我的做法：

运用《幼儿成长手册》观察记录的形式，拍摄东东在活动区活动时的情景；让妈妈了解孩子在园的活动情况，缓解妈妈的过度焦虑。

对幼儿的观察记录：

图5-3　东东建构活动照片

虽然妈妈走的时候，我有点舍不得，可是和小朋友一起玩垒高还是特别好玩的，瞧，我们垒得多高啊！！！

知道我在做什么吗？我在用橡皮泥给西瓜做西瓜籽呢。我可喜欢吃西瓜了，甜甜的就像我的微笑一样。现在我已经不哭了，我喜欢上幼儿园，喜欢和小朋友一起玩。瞧，我做得多棒啊！！！

与家长的互动：

1. 指导妈妈正确的引导方式

以面谈的形式与东东妈妈进行交流，了解了妈妈因为孩子体质差而不放心把他放在幼儿园，从而对孩子的情绪波动产生过度回应。当妈妈了解到孩子在幼儿园的一日活动的情况后，减轻了忧虑，也愿意接受老师的建议，配合幼儿园的工作，保持家园一致的教育。我们给予妈妈一些建议：早上来园尽量不要逗留太久，不要让孩子察觉妈妈对于孩子来幼儿园的担忧。

2. 邀请家长参与幼儿园的活动

我们开展了很多亲子活动，邀请家长一同参加。在"快乐童声"故事复赛中，东东和妈妈做了很充足的准备，不但把《小桃树》的故事内容背熟了，还为表演准备了丰富的辅助材料。妈妈把自己装扮成了美丽的桃树，东东则装扮成了可爱的粉红色蝴蝶，加上妈妈与东东默契生动的表演，赢得所有小朋友和家长的热烈掌声。

图5-4　东东美工活动照片

第二阶段对话：

东东早上来园特别喜欢到美工区游戏，每次绘画也总是能持续时间很长，完成的作品也是非常不错的，通过与妈妈的交流得知东东在家也很喜欢画画，绘画也不是涂鸦式的，而是能根据参考图片进行有目的的绘画。但在平时的各项活动中，东东还是会显得有些不自信，特别是在数字活动时他就有些紧张，回答问题时断断续续，但当他一接触与美术有关的操作，他马上就会神采奕奕，会非常自信地告诉老师和同伴他绘画的内容。

对幼儿的观察记录：

在"亲亲热热一家人"的主题活动下，组织了一次"送给妈妈的项链"的绘画活动，为孩子们准备了三根线条，在活动中教师提出了可以选择三种不同颜色的蜡笔，为妈妈画上漂亮的项链。东东第一次选择红、紫、蓝三种颜色，认真思考后，排出了这样的规律：红、紫、蓝、红、紫、蓝……到第二次选择颜色的时候，东东有些犹豫，问我："张老师，选什么颜色啊？"我指着他画好的第一根项链对他说："你还用这三个颜色也可以的，不过要排得和第一条项链不一样哦！"东东很快反应过来了，又画出了这样的规律：紫、蓝、红、紫、蓝、红……顺着这样的方式，他第三根项链也画出了不一样的规律。

我的思考：

这是东东第一次在美术作品中尝试排序，对于自己很有把握的绘画，东东总是显得非常自信。

| 实践　实用　实效 |

（续表）

对幼儿的观察记录：

这是一次想象画的作品，东东的作品上呈现了两个人、一幢房子、春天的小花小草、乌云和雨滴，在乌云旁边有一个大太阳。

老师：东东，画上的两个人是谁呀？

东东：这个是我，这个是我弟弟。

老师：你们一起在什么地方玩呀？

东东：在公园里玩，下大雨了。

老师：那为什么有个大太阳啊？

东东：这个太阳在乌云中间会被雨淋湿的，它跑到这里就不会淋湿了，下雨了，太阳要逃跑了。

图5-5　东东美术作品

我的思考：

太阳、乌云与雨滴共存的画面，或许是成人无法理解的童话世界，但正是孩子独特思维的表现。只要认真倾听，孩子的逻辑就会告诉你一切皆有可能。

对幼儿的观察记录：

在活动中，孩子们欣赏了奥运会的项目简笔画图案，东东很快就能辨别各种项目的标识，如拳击、跑步、乒乓球等，绘画时东东选择了一个很喜欢的运动项目"射击"。虽然是第一次画这种形式的作品，但东东画得还真不错，一看就知道是什么项目。

图5-6　东东美术作品

我的思考：

东东的绘画已经形成自己的风格，每次绘画活动都是非常自信的；参与其他活动的积极性也很高，在活动中很有自己的想法，愿意表达，语言表述清晰完整，但还是不够大胆。参与的集体性活动比较多，但独立承担任务的机会比较少，很难凸显个体的作用。所以接下去的一段时间我们可以为幼儿提供承担各种任务的机会，为幼儿构建展示个体风采的舞台。

对幼儿的对话：

早上来园的时候，东东兴奋地把他带来的记录纸递给我，对我说："张老师，我的天气预报。"我马上接着问："有没有准备新闻啊？""嗯，有的。"在东东的记录纸上，妈妈整齐地记录着天气情况与环保的新闻，在这些内容的旁边是东东画的充满童趣的小动物，所以整张记录纸显得既美观又有趣。

东东已经认识了很多文字，所以在播报新闻的时候显得特别自信，他能非常清楚地将每一个句子表述出来，当然他自然的表现获得了同伴热烈的掌声，东东开心地笑了！

老师给家长的话：

这段时间，孩子刚刚尝试播报新闻，对于一件陌生事情的实践是需要很大的勇气和自信的。在妈妈认真的准备和辅导下，东东有了充足的自信，而妈妈和东东选择的新闻内容也是孩子们日常生活中经常接触的话题，是他们容易理解和接受的，非常好，希望东东在以后的新闻播报中表现越来越出色，当然也依然需要爸爸妈妈的积极参与和指导哦！

借助《幼儿成长手册》与幼儿对话、观察幼儿以及与家长对话互动，东东的这本册子就是一个生动的发展个案，记录他在幼儿园从分离焦虑到大胆参与活动的整个过程，以及幼儿个性化发展过程中很多难忘而值得回忆的时刻，是清晰的成长历程，更是一份人生珍贵的礼物！

| 为了孩子个性的绽放 |

案例5-3[①]：借助《幼儿成长手册》，促进大班幼儿交往能力的发展。

进入大班以后，孩子们的识字量开始提升了，在阅读区小朋友们最有兴趣翻看的不是什么著名绘本，而是每个孩子的成长手册。只要经过本人同意，孩子们可以自由翻看同伴的手册，这些照片都是他们经历过的场景，里面的人都是熟悉的朋友。不论是自己看，还是和同伴分享着看，都是百看不厌。当时我就在想，幼儿的发展既有个性化问题也有共性化问题，既然孩子们对同伴的成长手册这么有兴趣，何不借助幼儿成长手册中记录过的事件对其他孩子进行辐射呢。在多多的成长手册中我写了这样一篇观察记录。

➢我是你的粉丝

一天祝依凡和多多手拉着手来到我面前，祝依凡非常自豪地指着多多跟我说："她是我剪纸的粉丝。"张彭多肯定地点点头接了下去："我和范珺瑶都是祝依凡剪纸的粉丝。"但是趁着小祝不注意她却凑在我耳旁小声地说："周老师，祝依凡觉得她剪的窗花很丑，我这样说她就开心了。"我特别惊讶多多对朋友有这样温暖而细致的关怀，马上说："哇！多多，我觉得你有一颗像公主一样的心。我给你们拍一张好朋友照片吧。"

我的思考：

从小我们受到的教育都是力争上游，能力强的孩子也被称为"小老师"。而体贴的多多，却并不急着在剪纸活动中展示自己的才华，为了让同伴更有自信，甘为"小粉丝"。这样的情商让成人都自叹不如，她的这句话让祝依凡与她的关系变得更加亲密，在之后的活动中，小祝总是要和多多坐在一起。

我的做法：

我马上把今天的互动写进了多多的成长手册，既是让家长们看到孩子的闪光点，也是给多多一种鼓励，把她的"无意行为"转向"有意行为"。

对幼儿的观察记录：

图5-7 多多观察记录表

我和小祝一起玩剪窗花的游戏。小祝总说自己剪的窗花很丑。为了让她高兴，我说我是她的"小粉丝"，夸她剪的窗花很漂亮，果然她笑了。

老师夸我的心像公主一样美丽，还给我们拍了好朋友照片呢。我又多了一个好朋友了。

与家长的互动：

多多妈妈看到老师的记录，非常感动。她说多多是家里的小公主，爷爷奶奶外公外婆爸爸都十分宠爱她，只有妈妈充当黑脸。平常总觉得孩子娇气，吃不了苦，还很任性，没想到在学校里会有这么体贴的一面。

图5-8 与多多妈妈的微信

---

① 案例提供者：周田

➢不会讲故事的小老师

图5-9　满满和多多在给小朋友讲故事

随着剪纸技术越来越成熟，满满把剪好的窗花都收集起来，作为中午阅读时间的奖品，她带大家读《我爸爸》，读得好的孩子就会得到一个窗花作为奖励，大家对小老师非常敬畏。

多多也认字，她提出也想当小老师，她去语言区取来了一本书，跟满满换了位置，兴致勃勃地开始一字一字地给朋友们讲起来。但因为是临时拿来的书没有准备过，字又很多，有一些生字她不得不求助于老师，最后不认识的字越来越多，她只好尴尬地把书交给满满，让满满帮她讲完。满满在结束的时候总结道："多多是一个不会讲故事的小老师。"

所有的孩子也开始附和，多多一下子就愣住了，站在教室中间久久不动。这时孩子们又围坐在桌子旁准备再剪窗花了，我特意拉着多多来到祝依凡旁边说："来吧，和你的小粉丝坐一起。"可是我轻松的语气也没有让多多高兴起来，她始终闷闷不乐。

图5-10　多多很伤心，满满去安慰她

我的做法：
我单独叫来了满满，在经过多多的同意之后将那篇多多的成长手册念给满满听，最后我对满满说："并不是只有做得最好，才应该被鼓励，多多今天的勇敢也值得我们称赞啊。"满满听完马上就跑到多多那里，对多多说了些什么，之后多多愉快地参与了接下来的活动。我将满满与多多的故事也写进了满满的成长手册，希望满满的家庭既重视孩子知识能力的发展，也要注重培养孩子谦虚、愿意赞美他人的良好品质。

对幼儿的观察记录：
多多今天讲故事时没有准备好，同学们都说多多是不会讲故事的小老师。多多伤心地哭了。

我去安慰她，告诉她今天是她第一次当小老师，非常勇敢，勇敢才会有奇迹，她马上就不哭了。多夸夸别人果然大家都会更自信。

图5-11　满满的观察记录

（续表）

教师的反思：

不同的家庭环境造就不同性格的孩子，满满学习能力强，在她接受的表扬里大多是画得好、学得好、说得好、弹得好，她认为好是唯一的标准。在诸多活动中她都会以她精准的分析来说明他人的不足，在这次的互动中她知道了评价时也要照顾他人情绪，先看到别人闪光的一面。

与家长的互动：

满满妈妈看到成长手册，也非常重视满满的情况，她说满满确实有因为自己懂得多而变得强势的时候，希望老师和家长一起让满满变得更体贴。

观看自己的成长记录，分享他人的成长记录。不但可以看到自己的成长轨迹，还可以看到同样的事情同伴是如何做的，效果如何。不需要说教，孩子们自然就会向优秀靠拢了。

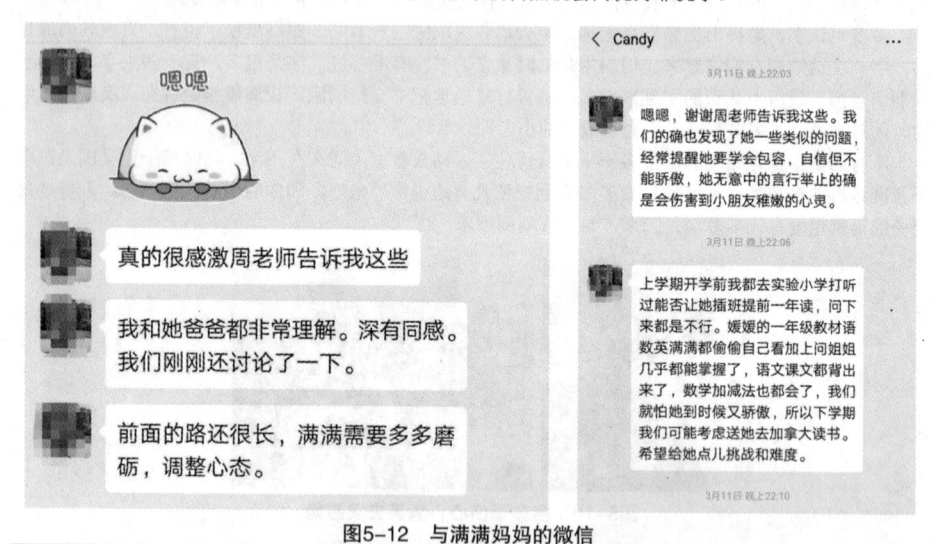

图5-12 与满满妈妈的微信

在与幼儿积极互动的同时，观察幼儿的能力发展与生活需求，记录幼儿最真实的、最生动的一面，记录与幼儿互动过程中有意义的一幕，记录幼儿成长的轨迹，并挖掘有价值的教育内容，促进每一个幼儿的个性化发展。幼儿的个性化观察记录，不但增加了老师与家长的互动，更促进了幼儿发展，提高了教育的有效性。

二、依托《幼儿成长手册》信息化手段，促进幼儿个性化发展

《幼儿成长手册》作为幼儿个性化教育的有效载体，在我们幼儿园已经实施多年。随着信息化时代的来临，越来越多的现代信息技术走进幼儿园，信息技术也被运用到《幼儿成长手册》的编制中。我们用文字、图片、录像等方式，通过网络、电脑等手段记录幼儿在园的成长足迹，更生动、有效、准确地对幼儿进行观察和分析，促进幼儿个性化教育。请看下面两则案例。

| 实践　实用　实效 |

案例 5-4[①]：《幼儿成长手册》中资料的信息化收集。

1. 以照片的形式，连续性记录观察（以每月作品解读为例）

图5-13　幼儿美术作品记录（旧版） 　　图5-14　幼儿绘画过程记录（新版）

依托信息技术，新版记录在收集作品时不是只呈现最后的效果，而是通过收集一系列的照片，呈现孩子作画的连续性思考过程。再通过对过程连续性的观察，帮助老师更准确地解读孩子的作品，获取作品深刻的内涵，呈现孩子美术水平的阶段性发展，达成对孩子个性化的观察和分析。

2. 以视频记录的方式，观察孩子的发展行为（以每月观察记录为例）

图5-15　幼儿学习观察记录（旧版） 　　图5-16　幼儿运动视频记录（新版）

新版的幼儿活动情况记录以视频实时记录的方式取代照片单一呈现的方式，记录孩子真实的活动状态。通过观察幼儿在各类活动中的表现，呈现孩子的发展状态，分析幼儿行为背后的原因，从而提供可操作的策略与适宜的教育行为，最终达成对孩子个性化的观察和教育。

---

① 案例提供者：尤美华、杨希

3. 以数据统计的方式，呈现孩子阶段性发展

（以小班开学前两周记录孩子在园生活情况的板块——"我在进步"为例）

表5-3 "我在进步"记录表（旧版）

我 在 进 步

幼儿姓名：小张

日期	情绪			午餐			午睡		大小便	
	很想爸爸妈妈	哭了一会儿就去玩了	玩得真开心	都吃完了，真棒	不能只吃饭（菜）什么都要吃	只吃一点点	睡得真香	老师陪会儿就睡着了	不喜欢睡在幼儿园	我会自己小便	老师帮我小便	我尿裤子
9月1日		√	★						√	★		
9月4日		√	★			★			★			
9月5日	★						★		★			
9月6日	★						★		★			
9月7日	★						★		★			
9月8日						√			★			

图5-17 "我在进步"电子记录表　　图5-18 "我在进步"电子记录表

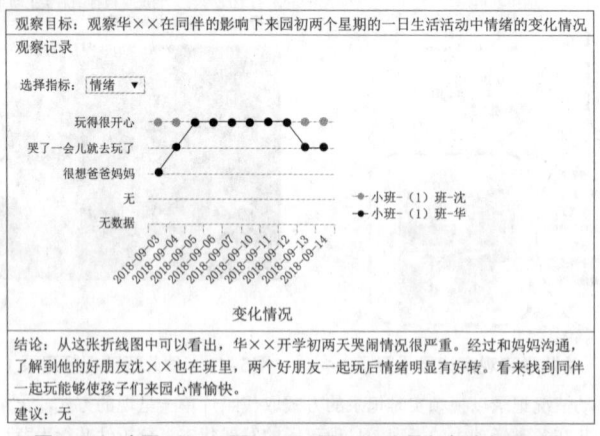

图5-19 （图5-17、图5-18、图5-19均是新版成长手册）

依托信息化技术，新版记录表从单一地每天记录孩子的生活学习情况，到数据化地收集信息，对一个阶段的数据进行清晰、直观的统计，实现了依据这些数据统计，做出个性化的分析，呈现孩子阶段性的发展的目标。同时老师可以根据统计数据，判断孩子的发展状态，进而在某一方面有针对性地制定下一阶段的保育教育目标，为孩子的整体发展保驾护航。

| 实践　实用　实效 |

信息技术被运用到《幼儿成长手册》中，收集到的信息和数据能使幼儿个性化分析和教育更加直观、生动、具体。

案例 5-5[①]：利用信息化资料，对幼儿进行个性化观察和分析。

1. 利用信息化资料——促有效观察

通常我们会使用照片的方式记录下幼儿在生活、运动、游戏、学习中的行为表现，这样的方式虽然也能够记录幼儿的活动情况，但比较片面（图5-15）。利用贝贝幼儿教师应用平台，我们可以用视频现场记录下幼儿的活动过程，使观察更全面。

在《不怕冷》的主题活动中，我先后让幼儿画了围巾、雪花、帽子、雪人。在这些基础上，我想让幼儿把学到的知识整合在一幅作品中。活动结束后我请幼儿详细地描述了自己绘画的作品（图5-20），从中可以看到幼儿画面的布局情况很好；幼儿的语言表达能力强，能清晰地、完整地讲述作品内容。

图5-20　幼儿作品解读　　　图5-21　幼儿进餐　　　图5-22　幼儿情绪

2. 利用信息化资料——促幼儿发展

在用纸质版的成长手册时，教师会对班中每个孩子的一日生活情况进行记录，然后总结成幼儿在园一周的生活情况（如表5-3）进行数据分析，最后针对幼儿的发展情况制订合理方案，提升幼儿的经验，使其尽快适应幼儿一日生活。为了促进幼儿在原有水平上全面和谐发展，借助信息技术的手段构建一个全面、完善、系统的评价体系，我园在发展评价上也有了一定的研究，开发出了由幼儿（图5-21、图5-22）、家长（图5-23）、老师（图5-24）所组成的"三位一体"的评价体系——幼儿发展评估。

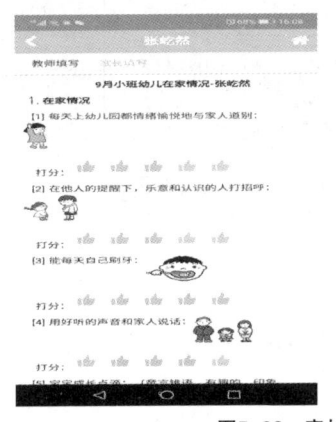

图5-23　家长对幼儿的评估

---

① 案例提供者：顾华叶

89

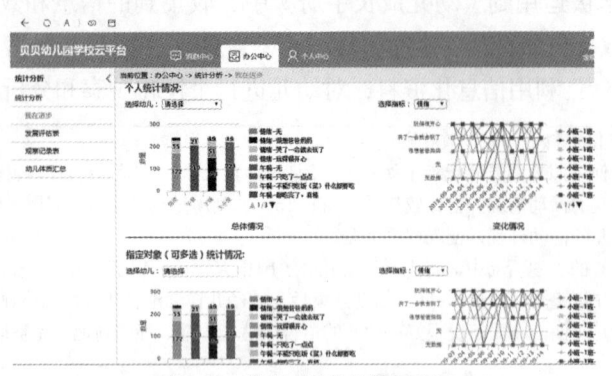

图5-24　教师对幼儿的数据分析

　　这个平台主要由在园体验、观察记录、统计分析这三块组成。"在园体验"这部分由幼儿来完成，简单的文字加上表情图片，幼儿就能记录心情、午睡、进餐、学习等方面的情况，把自主评价的权利还给了幼儿。老师放学后把这些数据录入云平台中，后台直接统计出数据，电子版的成长手册的运用减轻了老师的工作量，教师也能够根据后台统计出的数据，进行有效分析。"观察记录"这部分主要由教师和家长共同完成，由选项、文字和图片三部分组成，根据幼儿的发展情况做出合理的方案，让幼儿更快适应幼儿园一日生活。（图5-25、图5-26）教师和家长有针对性地记录幼儿达成目标的情况，家长通过教师的记录对幼儿在园发展情况一目了然，相应地，教师通过家长的描述，对幼儿在校外的情况也了然于心，这二者相辅相成，从而对幼儿发展情况有了客观的评价。

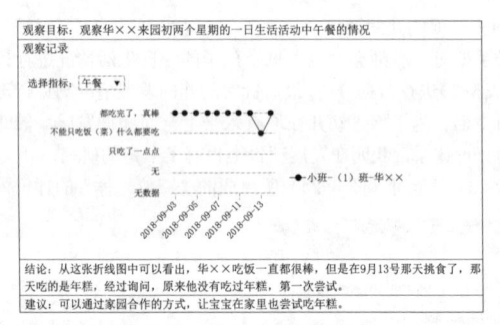

图5-25　幼儿午餐数据分析

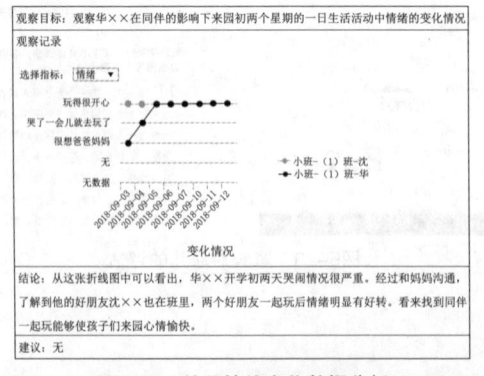

图5-26　幼儿情绪变化数据分析

（续表）

3. 利用信息化资料——促幼儿健康

幼儿园的卫生保健工作，环节复杂，数据多，量大，为此，我们利用贝贝幼教师平台，建立了区域性儿童保健信息体系，将幼儿的姓名、班级、出生年月、入园时间、家长姓名、身高、体重等信息输入计算机建立起全园幼儿保健资料库，有了数据库，就可以快速完成各类登记、统计与分析，而且很方便地查看幼儿的身体健康情况，然后就可以针对幼儿的发展情况制订相关计划。（图 5-27）

宝宝身高体重分析表

年级	班级	姓名	性别	出生年月	年龄	体重(kg)	体重评价	身高(cm)	身高评价	身高别体重评价	体弱评价	生长迟缓/矮小儿	肥胖评价	消瘦评价
小班	1班	罗xx	男	2015-02-04	4岁3个月2	14.75	P10-20	101	P20-50	P10-20				
小班	1班	钱xx	男	2015-07-20	3岁9个月16	16	P50-80	95.5	P10-20	P80-97			超重(1SD)	
小班	1班	徐xx	男	2015-08-18	3岁8个月18	14.7	P20-50	99	P20-50	P20-50				
小班	1班	顾xx	男	2015-07-05	3岁10个月1	13.2	P3-10	91.3	<P3	P20-50		矮小儿		
小班	1班	陈xx	男	2014-12-19	4岁4个月17	14.6	P10-20	97.4	P3-10	P20-50				
小班	1班	黄xx	男	2015-03-03	4岁2个月3	16.9	P50-80	104	P80-97	P50-80				
小班	1班	陆xx	男	2015-01-27	4岁3个月9	14.75	P10-20	97.2	P3-10	P20-50				
小班	1班	沈xx	男	2015-07-10	3岁9个月26	14.95	P20-50	95.5	P10-20	P50-80				
小班	1班	沈xx	男	2014-12-11	4岁4个月25	17.35	P50-80	104.1	P50-80	P50-80				
小班	1班	庞xx	男	2015-06-11	3岁10个月25	11.4	<P3	92.7	<P3	<P3	重度营养	矮小儿		
小班	1班	张xx	男	2015-08-08	3岁8个月28	13.4	P20-50	92.4	P10-20	P20-50				
小班	1班	张xx	男	2014-12-19	4岁4个月17	16.8	P50-80	106.2	P50-80	P20-50				
小班	1班	朱xx	男	2015-01-21	4岁3个月15	19.05	P80-97	103	P20-50	P80-97			超重(1SD)	
小班	1班	严xx	男	2014-12-05	4岁5个月1	17	P50-80	106.8	P80-97	P20-50				
小班	1班	萧xx	男	2015-04-02	4岁1个月4	13.55	P3-10	96.6	P10-20	P10-20				
小班	1班	邹xx	女	2015-04-02	4岁1个月4	13.05	P10-20	93.5	P3-10	P20-50				
小班	1班	杨xx	女	2014-12-08	4岁4个月28	17.9	P80-97	106	P80-97	P50-80				
小班	1班	杨xx	女	2015-07-29	3岁9个月7	14.6	P20-50	95	P10-20	P50-80				
小班	1班	李xx	女	2014-12-30	4岁4个月6	16.8	P50-80	101	P20-50	P50-80				
小班	1班	倪xx	女	2015-07-15	3岁9个月21	18	P80-97	96.8	P20-50	>P97			轻度肥胖	
小班	1班	华xx	女	2014-12-01	4岁5个月5	16.7	P50-80	110.2	P80-97	P10-20				

图5-27　儿童保健信息

信息化技术的运用可以促进幼儿的发展。而作为一名教师，在教学过程中技能的发挥程度将直接影响教育教学质量。教师要把专业知识和信息技术手段相结合，使技能发挥最大价值，促进幼儿的全面发展。

《幼儿成长手册》信息化，有着独特的功能和优势。

1.《幼儿成长手册》信息化，对孩子进行更加直观、具体的观察和分析

《幼儿成长手册》信息化以促进幼儿个性化发展为根本目的，有效结合当前教育信息化发展的需要，利用信息化的手段随时记录并储存孩子学习、生活、爱好、特长等各方面的情况，能完整记录幼儿的成长过程、学习成果。利用信息技术收集的资料，便于我们对孩子进行更加直观和具体的观察，再利用大量的数据，对幼儿近阶段发展情况进行有效分析，制定相关的教育策略和行动目标，从而促进幼儿个性化发展。

2.《幼儿成长手册》信息化，帮助家长更全面地了解幼儿的发展情况，促进家园共育

《幼儿成长手册》不仅反映了孩子的发展水平，更是家长了解幼儿园教育改革的窗口。《幼儿成长手册》信息化，能快捷有效地向家长展示孩子在园的表现和发展情况，帮助家长采取正确高效的家庭教育措施。家长也可以将幼儿在家的表现制作成故事以图片或者文字的形式进行编辑上传，丰富《幼儿成长手册》内容，为家园共育架起桥梁。

总之，《幼儿成长手册》信息化能帮助我们生动、具体、直观地观察和分析幼儿的发展，促进幼儿的个性化发展，对幼儿而言是绚丽和多彩的，对家长而言是快捷和方便的，对老师而言是优化和高效的。

第六章　幼儿个性化教育的管理

第一节　组织领导推进管理

一、组建项目研究核心小组，确立组织分工

组建由园长领衔，业务园长、教研组长、软件开发技术人员为主体的项目核心小组，详见第二章表2-1所列。

二、开展多方沟通，提供技术专业支持

本项目研究开始以来，与华东师大教育专家、软件开发技术人员，通过现场会议、线上对话的方式，进行多方沟通，寻求幼儿教育观察评价、信息技术方面的专业支持。

其过程主要有：

1. 2016年4月起至2016年11月

在专家及核心组成员的共同合作下，完成前期调研工作及2016版幼儿观察与评价工具的改进与优化。

2. 2017年2月至2017年11月

在园长的带领下陆续完成2017版幼儿观察与评价工具的优化、美术领域的观察与评价工作的改进、以案例方式积累个性化美术教育策略与研究。

3. 2018年4月至2018年9月

全体教师经过大量的实践与研究，收集了全面的观察与评价资料，正式开始开发信息平台并试运行。提出实际操作中存在的问题，及时优化并解决。主要包括：

（1）幼儿成长档案："我在进步""月考核表"推送与使用，统计与分析。

（2）幼儿美术、生活观察记录、统计与分析。

（3）幼儿健康测评记录、统计与分析。

（4）幼儿成长档案家长APP测试运行。

三、组长试点先行而后年级全面推开

我们采用园长整体把控，组长班级试点先行，再年级全面推广的方式实施。

同时，通过新生家长会等活动及时向家长介绍情况，实现家园合作。

第二节　制度建设规范管理

一、日常观察与评价制度积累幼儿个性化教育的过程

教师每学期至少两次（每周1～2名幼儿）对班级每位幼儿开展有计划、有目的、持续的幼儿观察记录，在分析判断的基础上，获取幼儿发展水平、能力、经验、兴趣等方面的信息，并发现幼儿发展中的优势、弱势，采用扬长补短的原则开展个性化教育。

二、阶段观察与评价制度有针对性地关注每一位幼儿

（一）阶段专项观察与评价

学期初：年级组每学期组织一次小组合作式观察与评价。以班级为单位，重点领域为主要内容，对全年龄段幼儿在某一领域的发展情况做出观察与评价，并分析全体幼儿在发展中的共性优势和弱势，制定有针对性的教育措施，提高幼儿发展水平。

学期末：业务部门每学期组织一次小组合作式观察与评价，以班级为单位，以学科和综合为主要内容，对各年龄段幼儿在某一领域针对性教育举措和整体发展情况做出观察与评价，并分析全体幼儿在发展中的共性优势和弱势，制定有针对性的教育措施，提高幼儿发展水平。（观察评价的内容可以根据幼儿园课程特色、幼儿发展中存在的突出问题、幼儿发展核心关键等确立。）

（二）月观察与评价

班级教师每月开展一次全体幼儿观察与评价，并分析个体和全体幼儿在发展中的共性优势和弱势，制定有针对性的教育措施，提高幼儿发展水平。

（三）学期观察与评价

班级教师每学期开展一次学期观察与评价，并分析个体和全体幼儿在发展中的共性优势和弱势，制定有针对性的教育措施，提高幼儿发展水平。

三、个体发展纵向评价制度促进幼儿个性化教育

教师选择班级内三名不同发展层次的幼儿，每学期至少开展两次重点领域持续观察，将幼儿在小、中、大不同时间内重点观察评价状态进行记录，从而分析幼儿发展中的特点、经验、能力、优势、弱势等，为个性化教育提供支撑。

教师重点观察和评价领域：美术（各年龄段）、生活（小班）、游戏（中班）、个别化教育（大班）。

保健部门重点观察和评价领域：身高、体重。

第三节　运作机制科学管理

一、校级管理机制

（一）园长定期检查与指导制度

每学期一次，围绕幼儿个性化教育的观察与评价记录资料进行检查和指导，并收集相关信息、经验和问题，对问题提出改进意见，对经验进行辐射，把握幼儿个性化教育管理的方向。

（二）保教管理部门日常检查与指导制度

保教管理部门在日常听课评课活动中，对幼儿观察评价记录与个性化教育措施开展常态化的检查与指导，并和教师一起收集"基于幼儿个性化教育的观察与评价故事"。

二、园本教研机制

（一）建立"思享汇"保教经验分享机制

利用思享汇、暑期师训活动，围绕"基于幼儿个性化教育的观察与评价"开展专题经验交流与分享，推动幼儿个性化教育管理的实践。以邀请专家讲座、书籍阅读等方式对教师开展如何观察和记录、如何对观察数据进行收集与分析、如何制定个性化教育措施的专业培训，提高观察与评价、分析和实施个性化教育的能力。

（二）教研组经验分享机制

由业务园长、教研组长、骨干教师等组成的幼儿综合发展测评小组每学期开展一次活动。围绕学前教育五大领域的相关内容，依据《3～6岁儿童发展与学习指南》等专业书籍设计五大领域评价的相关指标，通过观察了解幼儿阶段性的发展水平，并提出相关措施，并在教研小组和教研大组活动中以案例小故事的方式分享与跟进，进一步提升幼儿综合发展水平。

三、课程实施与优化机制

通过阶段性评价、幼儿日常评价、学期性评价等活动，利用暑期汇编将各种评价进行分析整合，结合本园的课程实施情况，对相关的内容进行优化与调整，进一步提升课程实施的有效性，保障幼儿个性化教育管理的实施。

四、环境创设与推进机制

将幼儿日常各类评价与班级环境相结合的方式逐步推进，如班级"我在进步"板块中，根据幼儿学习、生活、运动、游戏的发展，制定每月的重点培养目标，利用教师评价、幼儿自评、同伴互评等方式，将评价融于一日活动之中，更有效地促进幼儿全面的发展，提高个性化教育管理的实效。

第四节　信息管理有效促进幼儿个性化教育

一、信息平台开发的内容与要求

（一）确立云平台基本模块及其功能

围绕幼儿个性化发展开发了观察内容模块和个性化统计分析软件，并制作了电脑版和手机、平板版，满足了研究幼儿日常各项活动观察、评价、统计、分析的需求。具体有五个子系统，包括：幼儿个性化发展观察与评估、问卷调查、数据统计分析、个人中心、系统管理。每个子系统的主要功能主要有以下几点。

1. 幼儿个性化发展观察与评估

建设含小、中、大各年龄段生活活动、学习活动、游戏活动、运动活动、自由活动、美术活动模块。由相关教研组长、园长、副园长、班主任对幼儿日常各方面行为进行观察与记录。

2. 问卷调查

含教师问卷、幼儿问卷、家长问卷（如新生调查、月度满意率调查等），在移动APP完成问卷填报，问卷结果实时统计、汇总。

3. 数据统计、分析

对幼儿的观察记录、结果、问卷结果等各类数据进行统计、分析。

4. 个人中心（教师、家长）

含教师个人中心、家长个人中心，在个人中心可以查看自己操作的所有痕迹，实现修改完善的功能。

5. 系统管理

含单位组织设置管理、用户管理（教师、幼儿、家长）、权限管理、问卷设置、记录设置、关联设置、教学日历等。

（二）确立云平台的评价方式

信息平台的推进无疑代替了烦琐的人工手写，在保留之前记录幼儿成长的方式之外，加入了曲线的数据分析和每项评价指标的分值评价。每天、每周、每月、每学期都能一目了然地看到每位幼儿纵向（幼儿自身的发展对比）和横向（幼儿与同年龄段其他幼儿的发展对比）发展情况。

（三）优化云平台的呈现方式

平台的运行要考量教师的操作、家长的使用情况。因此，平台上菜单信息要简单明了，文字要简单清楚，操作要求要简明扼要，数据要便于理解和下载等，云平台的呈现方式要适用于幼儿园。

二、教师信息运用与管理的内容与要求

（一）了解云平台的操作要求和内容

从试点班开始使用，教师们要对云平台的操作要求和内容十分了解。信息平台技术人员对教师们进行相关的培训与指导，让每位教师都对平台里的所有板块及操作方式都非常熟悉。

（二）定期上传观察与评价，追踪幼儿全面发展

教师针对本学期，根据每日、每周、每月的观察计划对不同的幼儿进行评价追踪，并定期上传评价内容，全面关注每一位幼儿的各领域发展情况。针对幼儿的发展情况，及时与家长沟通，做好下一步相关的指导。

幼儿个性化教育的管理具有一定的科学性、全面性及发展性。它是有效实践和研究幼儿个性化教育的基础。就目前而言，幼儿个性化教育管理的范围更多是在幼儿园内，面向的个体和群体更多是教师和幼儿。其实，个性化教育的管理不止于此，虽然我园有涉及家庭教育中家长资源的开发与利用，如云平台家长的参与等，但其价值挖掘还不够深入，如何将家长资源有效地融合到幼儿个性化教育的管理之中，这是我园后续还可以思考的方向。

第七章　幼儿个性化教育的成效与反思

教育要实现立德树人的根本任务，在教学实践中必须紧紧围绕学生个性和能力，有针对性地培育与提升学生的专业特长。幼儿园作为幼儿启蒙教育的重要活动场所，其教学质量对幼儿成长和学习具有重要的影响。全面推进个性化教育，要实现教育理念从传统知识和技能评价标准向个体核心素养培育标准的转换。自2010年开始我们就已经尝试积累梳理个性化的观察指标，在2015年通过课题立项全面开启各年龄段、各层级的个性化教育实践与研究，通过个性化教育的研究，原本的狭义教学（课堂教学）逐渐转向广义教学（课外活动），并且注重课堂外幼儿能力的提升。因此个性化教育研究的内容较以往的课程研究更加丰富多元，涉及各个领域中的幼儿能力的培养。在此基础上我们收获了个性化教育实践研究的优质成果，依据大量的实例分析、数据汇总、判断幼儿能力的获得情况，提升幼儿的个体能力发展水平。

第一节　个性化教育促进幼儿更好地发展

一、个性化教育背景下幼儿生活自理能力的提升

陈鹤琴先生说过："儿童离不开生活、生活离不开健康教育，儿童的生活是丰富多彩的，健康教育也要把握时机。"因此幼儿健康教育即生活教育，应在一日生活各个内容中渗透。幼儿在具体的活动中，通过来园、盥洗、喝水、进餐、睡眠、离园等环节反复实践，获得直接经验。在此基础上，通过个性化教育观察与评价，获得全面客观的数据，并进一步跟进反馈，调整教育的成效才会彰显。

自我服务能力是指孩子在日常生活中照料自己生活的自我服务性劳动的能力，它是一个人应具备的最基本的生活技能，包括自己穿脱衣服、鞋袜，收拾整理衣服，独立进餐，自己洗脸，等等。幼儿自我服务能力的形成，有助于培养幼儿的责任感、自信心以及自己处理问题的能力，对幼儿今后的生活也会产生深远的影响。

朱老师针对班级孩子餐点中普遍存在的用餐兴趣低、自我服务能力弱的情

况，对班级中的幼儿进行了跟踪观察，并且将干预活动推进到全班，开展了班本化的班级例会，针对例会中三位老师看到的共同问题进行了观察案例梳理及分析。以下是班本化活动中教师进行的案例梳理，以此为切入点，观察老师是如何培养班级幼儿在餐点中的自理能力的。

案例7-1[①]：《我的餐点，我做主》

一、营造幼儿自主发展氛围

教师要创设有利于幼儿自主发展的环境，激发幼儿用餐点的兴趣，引发幼儿自主参与的意愿。

◆ 创设温馨舒适的环境

➢ 餐前音乐

在餐前播放轻松、优美的音乐。我就请孩子们在这时听听轻音乐，让孩子们的情绪稍稍趋于平静并在欣赏音乐的同时变得更轻松更愉快，从而带着愉快的心情进行午餐。

➢ 菜谱介绍

在午餐前进行菜谱介绍是我们班的"保留节目"。常常会在餐前先请孩子们闻一闻饭菜的香味，并请他们根据闻到的香味猜猜——今天我们将吃些什么菜、喝些什么汤，以激起孩子们对午餐的兴趣。并每天请小帮手协助老师一起做向"菜名播报员"，接下来不仅会向孩子们介绍午餐中各道菜好听的名字、做这道菜的配料，还会告诉他们这些饭菜对我们的身体有什么好处。通过这"闻一闻""猜一猜""说一说"等一系列活动，幼儿往往会很快被午餐中食物的色香味所吸引，能有效地激起孩子们想吃的欲望。

➢ 轻松午餐

根据孩子食欲情况，合理安排座位，评上本周午餐宝宝的孩子，允许他们自由选择座位；尝试开设生日餐桌，即为班上过生日的孩子特设的餐桌上加送大红花，让他们感受到集体环境中特有的温馨和快乐。

◆ 采用个性化的记录方式

在不同年龄段，孩子的餐点的记录方式也不同。我班，我给每人提供了一个漂亮的小盆栽，并贴上标签，吃完点心或午餐的幼儿插上一朵小花，以此作为幼儿用点心、午餐情况的记录，这样操作起来方便、简单，又能够促进幼儿对自己的用餐过程有一个自评能力的评价，符合小班孩子的特点。

图7-1 幼儿餐点记录

二、培养幼儿自主用餐习惯

现在的幼儿大多数是独生子女，娇生惯养是他们共同的特点，如果每次点心活动都由保育员准备好，久而久之，幼儿就会养成习惯。其实，幼儿年龄虽小，但他们也具备一定的自我服务能力。幼儿自我服务意识的提高需要一个过程，习惯也是慢慢养成的，这需要教师的耐心、细心和引导。

---

① 案例提供者：朱慧珍

|实践 实用 实效|

(续表)

◇ 餐前准备

开展自主餐点活动时,餐前准备一定要充分。刚开始阶段开展的活动是餐点前的谈话,教师运用儿歌教授擦脸(吃好饭,擦擦脸,嘴巴周围抹几圈,再把毛巾反过来,脸蛋小手擦干净,毛巾叠好放放好)、喝牛奶吃点心、饭菜搭配吃的方法等;第二学期还安排了小帮手,协助保育员做好餐前准备工作,如分发小碟子、准备纸巾、收毛巾、发调羹,等等。

图7-2 餐前小助手　　　　　　图7-3 餐前小助手

◇ 自主餐点

幼儿在自主享用点心时,教师要仔细观察:幼儿用点心的习惯(一口牛奶一口饼干),牛奶杯的取放(取放杯子要轻拿轻放,喝完牛奶,将杯子放入桶内),幼儿用饭菜时的习惯(有无含饭、是否能搭配吃完)……教师如发现问题,要及时提醒、引导幼儿。另外,要在固定的餐车上提供一块毛巾,以便突发事件时使用(如牛奶洒在外面、牛奶打翻等现象),引导幼儿自己动手,自己的事情自己做。

图7-4 自主餐点

◇ 收拾整理

用完餐点后的整理工作,也是培养幼儿自我服务的意识。教师可以在餐车上放置毛巾,便于幼儿随时取用。特别要提醒小班幼儿用完点心后不能撒腿就跑,要自己把杯子放在小盘子上,然后再轻轻放到专门的桶里;不忘记擦嘴巴、擦脸和用完餐点后记录等。小班幼儿可以尝试和保育员一起做收拾餐具、椅子等简单工作,中大班幼儿可以独立完成值日生工作。教师要善于利用这些细节,引导幼儿逐渐养成主动收拾整理的好习惯。

图7-5 整齐叠放杯子碟子　　　　图7-6 有序摆放杯碟

通过上述类似各个环节的个案跟踪观察与分析，教师能有效记录幼儿某一领域能力的发展现状，不仅为教学提供了依据，也更能如实反映幼儿在健康领域的各项能力，便于适时提出跟进措施。

二、个性化教育背景下幼儿语言表达能力提升

如何提升幼儿在语言表达方面的能力，无疑会在日常的教学中引发教师的探索，以此为契机，如何全面推进个性化教育中幼儿的语言表达能力，我们也做了相应的研究。

（一）依托课题研究进行语言集体教学活动设计

在对课题《在绘本情境教学中探索高效师生互动，促进幼儿表达能力实践研究》的探索与研究中，我们很好地发现情境教学中隐约包含着高效的师生互动，能在潜移默化中激发幼儿的表达愿望。

为了在绘本教学中创设情境教学，促进师幼互动，提高幼儿表达的主动性与积极性，我们以项目课题为载体提升教学活动质量，以集体教学活动为切入点针对不同年龄段挖掘有效的教学活动内容对"二期课改"教学活动内容予以补充，尽可能满足不同孩子的需求。研究中我们发现，要提升幼儿表达表现的能力，在集体教学活动中我们可以尝试以下方法。

1. 提供自主阅读的时间，创设生生互动，激发幼儿的好奇心，提高解决问题的能力

无论是教书，还是育人，L老师想：很多活动中应该给孩子个性化的学习时间、思考时间，才能得到事半功倍的效果，尤其是幼儿园绘本教学中的阅读教学，给孩子自主阅读的时间是提高学习有效性的重中之重。

案例7-2[①]：《阿力的烦恼》

在活动前我们尝试让幼儿去了解小阿力为什么不愉快，并且结合教参对教育目标的提示："了解并交流大人在生气、着急或伤心时怎样调节情绪，哪些方法较好。我们生气时又是用什么方法使自己高兴的。"起初，我们预想通过一问一答的形式开展，却发现幼儿对阿力烦恼的事情无法提起兴趣，活动过半，孩子对教师的提问开始很少给予反应，在活动之后我们反思孩子在上课时的行为，发现教师把绘本故事以提问的形式告知了幼儿，因此有种我们常说的"唱独角戏"的形式了，孩子对于这样的授课模式显然提不起兴趣，因此我们探索要是在活动中创设自主阅读的空间，也许孩子会更感兴趣。

第二次，我们改变方法，在抛出阿力为什么烦恼后，把问题交给了孩子，让他们自主探索，发现孩子在这个过程中和同伴有频繁的交流，阅读的兴趣十分高涨，并且不断在寻找答案。

接下来的环节我们通过比赛的方法分组想办法，孩子们的兴趣远远比之前的活动要高出许多，在我们记录的同时惊奇地发现孩子的小动作少了，坐下来倾听的习惯好了，举手回答问题的多了，肯动脑筋的孩子多了，这意味着孩子在学习的过程中在不断地反思，不断地进行探索，无疑，孩子们在学习品质的某些方面有了显著的提升。

---

① 案例提供者：李悦

| 实践　实用　实效 |

2. 根据年龄段提供丰富有趣的绘本材料，激发幼儿的主动性

幼儿园绘本有别于其他绘本就是其中很多词句都是重复或是排比的，这有助于孩子记忆和通读，往往绘本的精髓就在于此。在教学中，我们适当地引导孩子通读熟记其中的重复句子，这是培养孩子阅读素养的关键，也是实现绘本教学有效性的途径之一，又有利于孩子学好其他的课程，促进其全面发展。

案例7-3[①]：《鳄鱼怕怕牙医怕怕》

在绘本《鳄鱼怕怕牙医怕怕》教学过程中，我要求他们选择自己最喜欢的段落反复朗读，并融入自己的情感读给同伴听。特别是其中的重复句子，如"我真的不想看到他，但是我非看不可""我一定得去吗？""我好害怕""我一定要勇敢！""我做好最坏的打算了""这是一件多么可怕的事""但生气是没用的"，等等。我引导幼儿进行角色扮演巩固练习这些句子。孩子们通过角色扮演，不断地重复这些句子。渐渐地，他们对于故事内容也越来越熟悉，而这些重复的词句也深深地刻在了他们的脑海里，形成的影响是相当深刻的。

案例7-4[②]：《我长大了》

《我长大了》以一种全新的绘本材料激发幼儿的阅读兴趣。绘本采用拉拉书的方式展开，如同给绘本中的几个动物主角变了一次魔术，孩子在拉拉看看说说听听中，充分享受整个活动给予他们兴趣上的冲击。在活动中我们发现孩子对新颖的材料有着极大的兴趣，在活动中的自我探索后的成就感帮助幼儿积极地回应教师的提问，以及游戏。因此整个活动孩子和老师都是双赢的，大家都充分体验了活动的乐趣。

3. 开辟思考质疑的空间，提升幼儿的反思能力

有效的绘本学习活动不再是单纯地依赖模仿与记忆，自主探究成了孩子学习绘本的重要方式之一。《绘本课程标准》也指出：阅读是孩子的个性化行为，不应以教师的分析来代替孩子的阅读实践。主动阅读、深入探究更有利于知识的掌握和能力的培养。因此，在绘本课堂教学实践中，我们积极倡导孩子主动地探究绘本知识。创设问题情境，营造探究的氛围，培养孩子的问题意识和质疑能力。教学实践表明，教师善于创设问题情境，就能使孩子的学习兴趣始终处于被激发的状态。

---

① 案例提供者：李悦
② 案例提供者：李悦

案例 7-5[①]：《爷爷一定有办法》

师：请孩子们看画面，约瑟的毯子又破又旧，爷爷会想什么办法呢？
幼1：把它做成一块桌布。
幼2：把它当围巾。
……
师：约瑟的外套也变得老旧了，爷爷又会想什么办法呢？
（孩子自由发言）
幼1：做面小旗当玩具。
幼2：给约瑟的玩具娃娃当衣服穿。
幼3：可以做顶小帽子。
……

孩子们探究学习的积极性、主动性，往往来自一个充满疑问的情境。没有问题的教学，在孩子脑海里不会留下多少痕迹，也不会激起孩子思维的涟漪。上述教例创设了问题情境，给孩子提供一种自我探索、自我思考的机会，让他们"带着问题走进故事"，让每个孩子都在参与中得到发展。

（二）低结构教学活动中萌发幼儿语言思维及表达能力

如何以班级中幼儿的需要为契机开展语言活动，如何根据幼儿的经验进行分享，让语言活动得以不断地"滋生"，其实老师尝试了很多的方法。在不断的尝试中我们运用"对话记录"的方式将幼儿的话语"记录"下来，成为阶段性的幼儿观察记录本，鼓励每个孩子记录所见所闻，"童心童话"系列活动由此产生。

案例 7-6[②]：《你知道哪些运动？》

随着话题"你知道哪些运动？"的展开，孩子们开始认真地讨论起来。
——我知道足球，在操场上很多人踢一个球，谁踢进了球门谁就赢了。
——我知道跑步，在跑道上，排好队，大家一起往前跑，谁第一个到终点谁就赢了。
——我知道游泳，在游泳池里，从一边游到另一边，看谁游得快就赢了。
——我知道游泳有很多种类，有蛙泳，有仰泳。
……孩子们你一言我一语地讨论开了。接着孩子们开始把自己知道的运动项目画了下来。
我的思考：
随着运动季的到来，孩子们对于运动项目展现了浓厚的兴趣，纷纷将自己的已有经验与同伴分享。结合主题的开展，孩子们利用自由活动时间在童心童话的专门空间里，一起讲讲、画画，分享自己知道的运动项目。

图7-7　童心童话手册　　　　图7-8　童心童话手册

① 案例提供者：李悦
② 案例提供者：陈媛芬

| 实践 实用 实效 |

案例 7-7[①]：《我最喜欢……》

孩子们用稚嫩的画笔把自己知道的运动项目画了下来，利用中午午休的时间，孩子们开始分组讨论自己喜欢的运动项目。通过肢体表演，每一组的幼儿都竭尽全力地表演着自己喜欢的运动项目。最后通过投票选择的方法，每个人为自己喜欢的运动项目进行投票，选得最多的就是最受欢迎的运动项目。

我的思考：一周的"童心童话"开展下来，慢慢地，一面版面上都是孩子们用自己的画画描绘的各种运动项目，于是，利用午休时间，我们开始了评选，每个孩子都表达了自己喜欢的运动项目。于是针对意见比较集中的运动项目，孩子们用肢体动作进行拉票，述说自己喜欢的理由，最后通过每个幼儿投票的形式，选出了最受大家欢迎的运动项目。

图7-9　童心童话手册　　图7-10　童心童话手册　　图7-11　童心童话手册

案例 7-8[②]：《各种各样的运动》

通过一系列资料收集，孩子们一起收集了很多常见的或不常见的运动项目。于是"我又知道……"话题展开了。

——我知道跳远，运动员从起点出发，三步起跳，看谁跳得远就赢了。

——我知道体操，里面有一项单杠，运动员在单杠上翻跟斗，做各种难度的动作，随后翻跟斗跳下来，要定住，谁的难度高、表现好就赢了。

我的思考：

孩子们在运动季的劲头还很浓厚，于是以收集资料、做调查表的形式进行了各种各样的运动，让幼儿和家长一起收集资料，一些比较不常见的运动项目，也被孩子们描述或绘画表现了出来。大家集思广益，分享着彼此收集的资料。在收集资料的过程中，幼儿学会了一种阅读习惯，激发了幼儿的阅读兴趣。

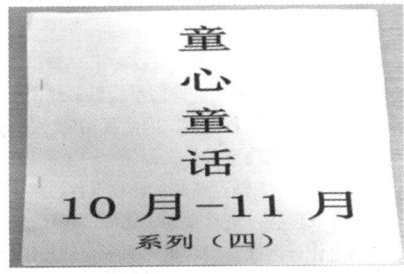

图7-12　童心童话手册　　　　图7-13　童心童话手册

① 案例提供者：陈媛芬
② 案例提供者：陈媛芬

103

需要创设自由宽松的幼儿语言交往环境无处不在，如幼儿园一日生活中的语言学习，幼儿园主题课程或其他领域活动中的语言学习，幼儿园语言教育活动中的语言学习。教师在创设自由宽松的语言交往环境中的作用，是鼓励幼儿积极运用语言进行交流、关注幼儿语言学习的个别需要、支持幼儿在真实的课程活动中增长语言经验、允许幼儿创造性运用语言表达自己的想象和思考。教师要成为倾听者的角色、交流者的角色、合作者的角色、支持者的角色、促进者的角色。

我们的童心童话系列活动还在继续，除了结合幼儿的兴趣点开展童心童话活动，还可以结合生活热点话题，收集筛选幼儿日常生活中感兴趣的话题—个体互动—发现共性经验，利用新闻热点播报或者每日新闻播报的形式展开。书本中的秘密：围绕某一个问题开展有目的的查阅与分享。也可以通过我最喜欢的书（表达阅读中的兴趣、感受、经验等），或者故事创编、续编（根据图书中的线索续编、创编等），当然也可以结合学习主题背景下幼儿感兴趣的内容。

三、个性化教育背景下幼儿人际交往能力的提升

宽松、自主、开放的区域游戏活动，能够满足孩子的需要，也更容易真实地表现出幼儿的活动水平，同时区域活动是对幼儿进行全面发展教育的重要补充形式。我们重视每一次的幼儿区域游戏时间，在自然、舒适的情境中评估幼儿，将幼儿的活动情况真实地记录在活动评量表中，将幼儿的区域游戏水平进行分级归类，同时用适当的文字记录作为评估补充，每月通过统计量表清晰地反映。

案例7-9[①]：囡囡餐厅游戏的生成

一、主题确立

随着各个活动区游戏的深入开展，孩子们主动提出来想办一个"餐厅"，大家都表达了各自的想法，有的幼儿说："餐厅里可以吃到各种各样的食物，每次爸爸妈妈带我去餐厅，总有很多好吃的东西。"有的幼儿说："游戏里只有喝奶茶的地方，没有其他的东西吃，肚子很容易饿的。"还有的孩子说："我想做做厨师，因为厨师很神奇的，能做出很多好吃的食物。"从孩子们的回应中能感受到他们对"餐厅"这个主题的向往，于是新的主题就这样产生了。

二、创办餐厅

孩子们有了对餐厅的感性经验后，我再次问道："办餐厅要做哪些准备？"他们不假思索地说："要有餐桌、厨房、收银处、服务员、点菜单……"其实创办餐厅需要的准备很多，因此我们先一起商量怎样来准备创办所需要的东西。首先由老师和孩子们一起先商量我们要准备什么，先一一罗列出来。讨论后，大家觉得餐厅里要有餐桌、厨房间、厨房用品（锅子、铲子、油盐酱醋）、收银台、点菜单，等等。接着幼儿自主结对，成立不同任务的策划小组，大家领取任务，进行策划。比如，餐厅里的餐桌我们可以怎么布置，餐桌上要放些什么？收银的柜台我们用什么来做？厨房里的锅子、铲子用什么来做？点菜单怎么制作？孩子们兴高采烈地商讨着，积极投入准备活动中。商讨过程中，由负责人将大家提出的建议记录下来。老师再将孩子们讨论的经验组织交流，最后汇总孩子们需要什么材料的支撑。

---

① 案例提供者：丛梅

(续表)

记录单：
负责餐桌组：桌子一张、桌布一块、玫瑰花一盆。
负责厨房组：煤气灶、锅子、铲子、盘子、油盐酱醋、抹布。
负责菜单组：绘画纸、订书机、水彩笔。
负责收银组：纸盒、包装纸、收银盒。

有了计划后，接着我们又要讨论："制作这些东西，我们去哪里找原材料？"孩子们很聪明，集思广益，阳阳说："餐厅里的桌布可以直接到小剧场拿块布一铺就行了。"妮妮说："玫瑰花上次奶茶铺搞活动，有很多做好的，拿一束就好了。"煜晨说："收银机可以拿纸盒来做，皮鞋盒也可以。"小豪说："菜单我们就自己画好了。"天天补充道："要把它装订好，像本书一样，这样才像呢。"接着老师又提问："你们想到的办法既实用又方便，有的可以拿来就用，但是有的材料我们可以去哪里找呢？"这时候，有的孩子就想到了我们班级有废旧材料角，我们可以到那里去找合适的材料做。于是我们的分工制作活动就此展开了，大家为自己负责的项目精心筹备着。收银组的小朋友把皮鞋盒包装了一下，当作收银机，为了更逼真，还在收银机上写上了数字键。菜单组的小朋友画了很多菜式，有春卷、牛排、青菜、水饺、汤圆、鱼等，并装订成册。厨房组的小朋友用在纸盒的中间挖了个洞，表示是煤气灶。经过一番制作后，孩子们筹备的作品呈现了，于是老师请各组的代表向大家做个汇报。汇报获得了大家的肯定，同时老师也随机引导幼儿学习别人的好办法，提出更好的建议。

三、计划游戏

为了让"餐厅"真正发挥它的游戏价值，使之成为幼儿认知和社会性发展的场所和机会，无论是游戏的选择、游戏的内容等老师都放手给孩子们，让孩子们学会自主计划游戏。在每天游戏的前一天，老师都请孩子们隔天计划明天要去游戏的地方，同时给孩子们提供了计划表，培养所有幼儿的计划能力。

附表1：计划书

星期	选择人员		
星期一			
星期二			
星期三			
星期四			
星期五			

做法：通过这张表格，幼儿首先隔天计划好自己想要去游戏的场所，这样就避免拖延当天游戏前的计划环节了，而在当天游戏前的计划环节孩子们可以共同协商今天游戏的开展内容、当天游戏可以怎么玩。

(续表)

附表2：角色游戏安排

游戏名称	角色	工作安排	工作提示
因因餐厅	店长		
	服务员		
	厨师		
因因图书馆	图书管理员		
因因造型屋	店长		
	造型师1		
	造型师2		
	美甲师1		
	美甲师2		
建筑工地	建筑工人		
因因精品屋	服务员1		
	服务员2		
因因小剧场	收银员		
	主持人		
	音响师		
	演员1		
	演员2		

做法：在游戏前的计划中，孩子们协商选择好自己游戏的角色、主要承担的角色任务。通过表格的形式更能清楚地安排好工作，计划得更清楚。

四、标兵评选

在开展创办餐厅的游戏过程中，孩子们表现了极高的工作热情，对岗位任务也很明确，规则遵守也逐渐自觉。为了对这种积极的行为加以巩固，同时培养他们的自信心，我们开展了标兵评选活动。

评选活动并不复杂，我们分为两块内容，首先幼儿要结合自己的工作职责、角色表现进行自我评价，说说自己表现好的地方，为什么觉得自己能评选到标兵？除了自我评价外，还要请其他小朋友来评议，并且发表自己的想法，学习正确评价自己、欣赏他人。我们的光荣称号有：服务之星、优秀收银员、最佳烹饪师。评选到的幼儿我们用图文并茂的形式进行张贴。这个评选方式深受幼儿的喜欢，从而也使幼儿在担当某一角色时变得更积极，做得更好。

通过幼儿自主游戏开展，发展了大班幼儿的创造力、想象力、自主学习的能力，我们要给孩子一个创造的空间，让他们有机会去发挥自我，在感兴趣的游戏中促进个性发展。

通过对游戏互动中幼儿"自主性"的能力培养的研究，教师在不断的尝试中归纳了相应的自主游戏的推进策略，各班形成相对个性的"游戏主题"，不断丰富幼儿的游戏经验，拓展孩子在游戏中的社会交往能力。通过研究，幼儿的社会交往能力在自主游戏的过程中得以彰显以及提升。

三、个性化教育背景下幼儿科学探究能力的提升

在日常的科学活动中,如何通过观察和记录对幼儿的行为进行跟踪与改进?老师的做法给我们很大的启发。

案例 7-10[①]:《天桥的探索》

图7-14 幼儿探索表征记录　　图7-15 幼儿探索表征记录　　图7-16 幼儿探索表征记录

天桥1玩法:桥墩不变,桥面改变。用纸、盘子等材料做桥面,感受承重力的不同。
天桥2玩法:桥面不变,桥墩改变。用纸做桥面,改变桥墩间的距离,感受承重力的不同。
天桥3玩法:桥面不变,桥墩改变。用纸来做桥面,改变纸的形状,感受承重力的不同。用大小不一的积木做桥墩,不同大小、厚度的纸做桥面,桥完成后摆上小积木,感受承重力的不同。

从孩子活动中发现:
孩子在玩的时候更多的是用同一种方式做桥,那就是积木做桥墩,纸做桥面,接着就在上面不断地放小积木,直到桥倒塌,周而复始,并没有更多的发现与新意。具体需要发现些什么、探索些什么,没有明确的目的。

调整:
为了能使天桥的玩法更多样,更有层次地递进,我们把天桥的玩法分成了三个层次。
第一层,桥面不变,桥墩改变,提供积木做桥墩,纸做桥面,当桥墩之间的距离变化时,感受承重力的变化。
第二层,桥墩不变,桥面改变,提供积木做桥墩,纸做桥面,当桥面的纸改变时,感受承重力的变化。
第三层,桥墩变化,桥面变化,提供纸做桥面和桥墩,当亲手制作成的桥墩支撑起桥面时,感受承重力的变化。

孩子们的发现:
1. 放小积木的时候要先放在有桥墩的地方,才不会一下就往下滑。
2. 用纸做桥墩时,方形桥墩支撑桥面更厉害,三角形桥墩不能撑起桥面。

我们的做法:
1. 投放吊井、天平等材料,材料逐步投放,每增加一份材料就以集体讲述的方式向大家介绍材料的基本玩法。
2. 提供记录本,记录本上分别记录学号。如吊井,需记录下你玩的是什么,你用的工具是什么,你吊上了什么,数量是多少。
3. 提供其他幼儿操作材料时的图片,并做简单的说明,如他在做什么。请孩子们也来学着试一试。

[①] 案例提供者:张元英

（续表）

从孩子活动中发现：
1. 集体介绍后，幼儿非常愿意尝试，但也有部分孩子由于理解力及课程缺席较多的情况无法正确操作材料。
2. 记录本的作用只是简单的记录，并没有为幼儿更好地探索材料服务。
3. 提供的操作照片版面装饰性过多，对于孩子本身在操作上没有帮助。

调整：
1. 美工区、语言区有其独特的氛围，科探区的氛围该如何营造？于是我们提供了步骤图，内容包括材料的操作步骤图片，简单的文字说明，孩子完成的记录单，孩子操作时有价值的经验即"我的发现"。
2. 步骤图版面布置于操作材料的位置，方便不清楚玩法的幼儿看一看，模仿着玩。鼓励能力强的幼儿在他人经验的基础上继续发现，用自己的方式尝试探索。

预设玩法，设问拓展幼儿思维。

案例7-11[①]：《奇妙的万花筒》

场景1：科探区新添了一个"万花筒"，孩子们见有新玩具，纷纷跑来看一看。"我看到了，很多小花，会变形的。"韬韬一边看一边转动万花筒的"芯"。另一个小朋友争着万花筒说："让我看一看，我也想看。"难道，万花筒投放在科学区仅是看一看的价值吗？当然不是！

场景2：邱萌萌在万花筒中塞入画有线条的"芯"，转动一下，看了看万花筒中出现的图案，之后在记录本上记下了什么。又塞入一支带有花纹的铅笔，转动铅笔看了看，又在记录本上进行记录。周而复始地观察、记录，即便整个游戏活动只有邱萌萌一个人，他始终是那么投入、那么着迷地玩着，这就是我们要在"万花筒"中挖掘的奇妙价值。

图7-17 好玩的万花筒　　　　图7-18 万花筒探究工具

分析：
"万花筒"是孩子们平时一直玩的一种光学玩具，只要往筒眼里一看，就会出现美丽的"花"。将它稍微转一下，又会出现另一种图案。不断地转，图案也在不断变化。在投放"万花筒"材料前，我们对万花筒的玩法进行预设，预设适合不同能力及水平幼儿的玩法，预设有价值的玩法。
1. 提供不同难易度的万花筒"芯"，让幼儿观察"芯"在万花筒中出现的变化。
2. 当幼儿具有一定游戏经验的时候，让幼儿猜测投放的"芯"可能会变成什么样。
3. 让幼儿尝试记录在万花筒中看到的图案，并与自己的猜测进行比对。
4. 将记录结果与数活动结合，数一数图案中有几个角，发现一些科学原理——同一物体在万花筒中摆放位置不同出现的图案也不同。

---

① 案例提供者：张元英

科学活动区中，教师通过观察，对幼儿的活动现状予以分析，提出有层次区分的玩法，在科学区角活动中非常常见。这种一物多玩的创设方式在科学区中极大地满足了孩子探究的挑战需求，也让老师对科学活动有更加全面的分析与认识，让区角面向所有孩子，而不是如同"学科带头人"领衔下的区角活动，只面对少数人。

五、个性化教育背景下幼儿美术表达表现能力的提升

（一）美术学习档案袋的建立

美术档案袋是一种用来记录幼儿整个美术成长过程的资料袋，资料袋中包含了幼儿的所有美术作品——集体活动中的、幼儿自主游戏中的、个别化区角活动中的，也包含了教师的评价、家长的评价，是一种互动式的档案袋，如下所示。

图7-19　美术档案　　　　图7-20　美术档案

（二）美术环境的有效创设

环境是无声的教育，是幼儿艺术学习的重要途径，教师在大厅创设"艺术展"，放置中西艺术大师的美术作品、中国民间工艺品及幼儿自己制作的作品等供幼儿欣赏，同时放置各种绘画用具和可利用废旧物品等供幼儿自主地进行艺术创作。在创设这一角落时教师要注意中西艺术作品兼容、各种艺术门类作品兼容、成人艺术作品和幼儿艺术作品兼容，还要经常更换，使幼儿保持持久的兴趣。

图7-21　优秀作品展　　　图7-22　个人画展　　　图7-23　地面美术馆

(三)大师作品欣赏与再创教学模式尝试拓宽美术教育题材

2016年年初,我们通过大师作品欣赏的素材对幼儿的美术题材进行创新,在不断的研究中,通过素材的研发以及教学活动的设计,形成了相应的教学活动内容,并设置不同年龄段每周特色教学活动内容,从课程特色逐步转向特色课程。

第二节 个性化教育研究下教师专业水平的提升

一、促进教师个体专业自觉和专业发展

前国足教练米卢曾经说过:"态度决定一切。"教师唯有专业自觉,树立明确的专业目标,直面自身教育的不足,方能不断激发教师自身对专业发展的不懈追求,从而在持续努力和研究的过程中促进专业的发展。与此同时,教师专业发展是教育经验从隐性化转向显性化、从无意识转为有意识的过程。所以专业自觉的启发和教育经验的显性化是促进教师专业发展的两大关键要素。在研究初期,我们发现很多老师在开展教育教学工作的过程中,忽视对幼儿发展目标的学习和解读,导致大量日常教育行为变得低效,削弱了幼儿整体发展的绩效,对于高质量幼儿个性化教育的实施更是无从谈起。由于近几年青浦区学前教育的发展,大量非幼教专业的新教师加入幼儿园教师队伍,由于他们缺少幼儿发展目标意识和保教执行操作经验,其日常教育行为存在茫然而不知所措的现象,这一批老师的专业自信、专业发展均受到"阻滞"。在研究过程中,我们发现基于幼儿发展目标的观察与评价、实施个性化教育的举措能激发教师专业自觉意识,帮助他们建立教育目标意识,最终在系列实践研究过程中促进专业发展。

案例7-12[①]:用"个别化学习观察整体分析评价表"唤醒专业自觉,树立目标意识,提高保教质量

思考一:通过怎样的方法能获取某小朋友在"个别化学习中学习品质"方面的发展数据?

以图表中郭展硕为例,我们的举措是:个体群体对比分析法,即通过同一情景下的幼儿个体与群体行为的观察,了解幼儿在某一领域中的发展现状。

---

① 案例提供者:叶怡君

表7-1　贝贝幼儿园个别化学习区角活动幼儿个体纵向观察记录表

观摩对象：郭展硕、李运栩、尹博为、李子涵　　　　　　　　观察者：叶怡君
观摩时间：2016.12.9　　　　　　　　　　　　　　　　　　班级：大（2）班

项目		项目目标			备注			
		3～4岁 A	4～5岁 B	5～6岁 C	尹博为	郭展硕	李运栩	李子涵
幼儿发展观察要点	坚持性	做事情能集中注意力，有一定的抗干扰能力。	能初步按照自己制定的目标、计划或步骤开展活动。	不害怕挫折，有应对挫折的能力。	B	B	B	C
	好奇心	参与更多活动，对周围世界和人感兴趣。	喜欢问题，喜欢尝试新事物。	积极探索、实验。	C	C	C	C
	主动性	具有独立能力和自主选择的能力。	与他人互动的能力。	主动参与活动的能力（计划、组织、协调）。	C	C	C	C
	创造力	观察和模仿其他人的行为。	以新的方式进行活动和探索。	充分发挥想象力，从而拥有更开放的想法，并能以艺术或其他的方式来表达自己的思想。	C	C	C	C
	问题解决能力	遇到问题寻求教师帮助，解决了问题或者完成任务的时候，表现出满意和高兴。	遇到问题能与同伴、教师进行互动和讨论，并表现出一定的思考能力和口头解决问题的能力。	在学习时能够讨论、归纳重要的经验和定义。	B	B	B	B
	反思能力		初步有在之前经验基础上学习的能力（如计划、预言事情的发展等）。能对发生过的事进行再现描述和演绎。	勤于思考，在面对困难时三思而后行。面对事物能够进行思考和讨论，改进或者改变完成任务的方式。	C	B	C	C
解读分析	大班幼儿游戏的坚持性和主动性发展显著，孩子们在活动中能按照自己的设想和目标开展活动，有分工有合作。孩子们共同建构海盗船，一个孩子利用长条状的木头积木，头尾相接围成了河道，一个孩子利用插塑积木拼接出了漂流筏，另外两个孩子用乐高积木和大小不同的雪花片做出了各种相应的配套设施。孩子们都能主动地参与到游戏中，发挥自己的大胆想象，玩得很投入也很开心。观察发现这四个孩子虽然都有自己明确的分工，但仍有一个孩子在其中担任主导作用，同伴间边搭边有交流，互相传递材料，交流自己搭建的成果。当其中一个孩子在建构过程中材料用完时，能尝试自己寻求新的材料代替，在手边材料都不适合的情况下，他能主动走出去向其他同伴寻求新材料，最终两个孩子一起合作解决困难，这点很可贵。							

表7-2 贝贝幼儿园个别化学习区角活动幼儿横向观察记录表

观摩对象：大（2）班16位幼儿　　　　　　　　观察者：叶怡君、张瑜、朱慧珍、张元英
观摩时间：2016.12.9　　　　　　　　　　　　　班级：大（2）班

项目	项目目标 3~4岁 A	项目目标 4~5岁 B	项目目标 5~6岁 C	备注 A~C阶段描述	王欣宇	陈若涵	龚佳琪	卫思愉	杨尤哲	李梦涵	金奕诺	郭陆苗	沈赵果	郭昱彤	谢皓瑜	吕劲瀚	尹博为	郭展硕	李运栩	李子涵
幼儿发展观察要点 — 坚持性	做事情能集中注意力，有一定的抗干扰能力。	能初步按照自己制定的目标、计划或步骤开展活动。	不害怕挫折，有应对挫折的能力。	B: 81.3% C: 18.7%	C	C	B	B	B	B	B	B	B	B	B	B	B	B	C	C
好奇心	参与更多活动，对周围世界和人感兴趣。	喜欢问问题，喜欢尝试新事物。	积极探索、实验。	B 31.2% C 68.7%	C	C	B	B	B	B	B	B	C	C	C	C	C	C	C	C
主动性	具有独立能力和自主选择的能力。	与他人互动的能力。	主动参与活动的能力（计划、组织、协调）。	B 25% C 75%	C	C	B	C	B	C	B	B	C	C	C	C	C	C	C	C
创造力	观察和模仿其他人的行为。	以新的方式进行活动和探索。	充分发挥想象力，从而拥有更开放的想法，并能以艺术或其他的方式来表达自己的思想。	A 25% B 37.5% C 37.5%	B	C	B	C	B	B	B	B	A	A	A	A	C	C	C	C
问题解决能力	遇到问题寻求教师帮助，解决问题或者完成任务的时候，表现出满意和高兴。	遇到问题能与同伴、教师进行互动和讨论，并表现出一定思考能力和口头解决问题的能力。	在学习时能够讨论、归纳重要的经验和定义。	B 37.5% C 18.75%	C	C	B	C		B		C			B	B	B	B		
反思能力		初步有在前经验基础上学习的能力（如计划、预言事情的发展等）。能对发生过的事进行再现描述和演绎。	勤于思考，在面对困难时三思而后行。面对事物能够进行思考和讨论，改进或者改变完成任务的方式。	B 37.5% C 37.5%	C	C	C	C				B	B	B	B	B	C	B	B	C

112

| 实践　实用　实效 |

（续表）

| 观摩对象：大（2）班16位幼儿 | 观察者：叶怡君、张瑜、朱慧珍、张元英 |
| 观摩时间：2016.12.9 | 班级：大（2）班 |

| 解读分析 | 大班幼儿建构区游戏的坚持性和主动性发展显著，孩子们在活动中能按照自己的设想和目标开展活动，有分工有合作。孩子们共同建构海盗船，一个孩子利用长条状的木头积木，头尾相接围成了河道，一个孩子利用插塑积木拼接出了漂流筏，另外两个孩子用乐高积木和大小不同的雪花片做出了各种相应的配套设施。孩子们都能主动地参与到游戏中，发挥自己的大胆想象，玩得很投入也很开心。观察发现这四个孩子虽然都有自己明确的分工，但仍有一个孩子在其中担任主导作用，同伴间边搭边有交流，互相传递材料，交流自己搭建的成果。当其中一个孩子在建构过程中材料用完时，能尝试自己寻求新的材料代替，在手边材料都不适合的情况下，他能主动走出去向其他同伴寻求新材料，最终两个孩子一起合作解决困难，这点很可贵。
　　益智区今天有四个小朋友，两个在玩植物对对碰，两个在玩植树棋。幼儿能根据老师预设的游戏规则进行操作。玩好后进行记录，并反复玩了三遍，直到个别化学习结束。整个活动过程，孩子们对材料的玩法还是熟悉的，并能一次次尝试。过程中看不到问题解决这一块内容。玩植树棋的孩子们能在过程中不断思考如何让自己的三个棋子连起来，能看出孩子在游戏过程中的思考与调整。
　　表演区四位孩子都能主动参与歌曲的表演，能够选择一些道具如沙球、铃鼓、头纱，表现歌曲。当音乐结束时，金奕诺小朋友会寻求老师帮助。建议给孩子们提供一个小的播放器，便于孩子操作，可以持续活动。
　　幼儿们对自己选择的个别化学习活动很感兴趣，能够有序、专心地操作老师提供的材料，尤其在幼儿之间的互动游戏中表现得很融洽。 |

　　通过幼儿个体与群体发展数据的比较，发现个体幼儿与班级幼儿之间的差异以及整体幼儿的发展现状，以此为依据进行针对性的教学活动设计与组织。

　　思考二：怎样才能了解个性化教育措施的有效性？

　　我们的举措：进行第二次观察记录。将前后两次观察记录的数据进行对比分析，用数据说话，检验自己的指导策略和方法是否有效。

　　效果一：唤醒了教师逐步树立日常保教工作的自评、自律意识和能力。

　　以前我们总是等着行政业务部门或者评估小组前来观察评估幼儿的发展水平，分析问题，改进策略。如今我们能够运用指标，自己从孩子的发展情况来分析，检验自己的教育教学策略是否有效，在自我反思和调整的过程中促进幼儿个体发展，提高保教质量水平。我们的积极性和主动性更高了。

　　效果二：《幼儿发展观察表》使教师日常教育教学行为更加科学和有效。

　　《幼儿发展观察表》使我们明确幼儿各个阶段的发展要求，日常教育行为有了目标。对教育成效的判断再也不是想当然了，而且采用科学的方式去发现本阶段幼儿能力现状与指标之间存在的差距。不断思考怎样的教育行为能发现孩子的个性优势，能帮助孩子更好地发展，我们的教育更有针对性。

　　从上述案例中我们可以看到，基于幼儿发展的观察工具研发和分析评价、调整改进制度的出台，保教质量监控与管理意识及行为全面铺开，唤醒了教师自觉自律的意识和行为。在日常活动中教师会运用各项幼儿活动观察和评价工具调整幼儿教育措施，分析验证工作的有效性。追求高效幼儿个性化教育成为每一位教师内在的执行需求和自觉稳定的行为。

幼儿发展的观察工具研发和分析评价、调整改进制度的出台，引导教师树立了以幼儿发展为中心的保教质量观，日常幼儿教育教学行为从无意识的经验论走向有意识的目标论。评价观念从被动等待上级评价转为主动开展自我评价，日常教育教学经历了"观察、分析、反思、调整"的轨迹，教师逐步从执行者向研究者转变，并最终促进了自身专业发展。

与此同时，教师的观察能力、分析能力和教育教学能力均得到了全面的发展，真正使教师从无意识教育行为转向有意识经验积累，使教师专业发展从"冰山下"的默会知识逐步转为"冰山上"的有效行动。

二、促进管理层专业自觉和专业发展

近年来，随着幼儿教育事业的发展，很多加入保教管理的教研组长和业务园长也都非常年轻，也有一些非幼教专业的毕业生。以往没有可操作的幼儿发展观察评价工具和机制时，他们在开展日常幼儿教育策略有效性的监控与指导时，有的凭主观经验，各有各的说法；有的心有余悸，一位组长曾经说："不知道日常听评课该如何指导？"而在课题研究中不断相互学习、研发解读的过程中，管理层的目标意识、质量意识也有了提高。

首先，在研发过程中进一步树立幼儿个性化发展目标意识和整体意识。研究初期，我们即认识到这一研究的有效实施前提是明确幼儿发展标准、研发系列工具。为此，从2011年9月起，全体协作成员立足本园已有优势经验，大胆尝试创新，通过对现有资料的再学习研读和大量信息检索，攻坚克难，研发相应幼儿发展观察评价工具，并在园本实践运用的基础上，于2014年10月对各类工具进行了统一的再学习和梳理，形成了围绕幼儿"生活""运动""游戏""学习"四大领域，日、月、学期不同阶段……多份工具表格，满足幼儿园不同人员（家长、教师、行政）、不同时间段、不同形式、对不同幼儿发展观察评价的需要。形成了相对比较成熟的日常与阶段相结合、个体与群体相结合、自评与他评相结合的运作体系，可操作多个方案。由此，管理层对于系统的幼儿园幼儿发展目标意识和整体意识初步建立。

其次，实现了幼儿园保教质量监控管理客观、公正与促进幼儿个性化发展的双赢。幼儿园构建了"基于幼儿个性化发展的观察评价"保教质量监控管理体系，研发了相关工具和机制，通过研究，管理层每一位成员都能非常清晰、全面地了解基于幼儿个性化发展的幼儿园保教质量包括哪些内容，标准和操作要求是怎样的，信息获取及分析反馈的流程及关键是什么，各项专项评估与幼儿发展目标是什么。将观察评价与幼儿个性化发展相结合，使每一位管理人员无论在什么时候，面对哪一位教师都能清楚地知道以幼儿个性化发展为基础的保教质量监控管理的目的是什么、标准是什么、怎样实施观察评估与监控管理、如何运用各类观察评价情报和数据做出幼儿个性化发展的分析、如何依据数据分析制定促进幼儿个性化发展的教育措施，避免了人为主观评估的误差，最大程度地提高了保教质量评估的客观性和公正性，也为幼儿个性化教育的探索与尝试提供了可能。

在"基于幼儿个性化教育观察与评价"的保教质量监控与管理研究过程中，管理层逐渐形成以幼儿发展为中心的保教质量观，从主观监控管理走向有目标意识监控管理。从被动等待上级出台工具机制转为主动研发工具、创新机制，在行动研究的过程中实现了整体的专业发展。

基于幼儿个性化发展的观察与评价的实施主体对象是多元的。行政、教研组长、家长、教师都可以成为幼儿发展观察与评价的实施主体，既可以以个体的方式开展单兵作战的观察与评价，也可以以小组等群体的方式开展观察与评价。但无论观察与评价的人员是谁，观察评价方式是怎样的，幼儿发展目标、实施流程都是不变的。我们期望依托基于幼儿个性化发展观察与评价工具的研发，观察与评价实施组织、机制的建立，真正使幼儿观察评价从管理层评价走向教师个人自评自律的过程。

基于幼儿个性化发展的观察与评价实施方式是多样的，"观察与评价的内容兼顾幼儿发展全景与局部""观察与评价的时段兼顾常态与集中""观察与评价的工具兼顾基础课程与特色课程"。整体全景的幼儿一日活动中的发展观察评价内容更加全面、标准、突出基础性。对幼儿每一领域或者每一能力发展的观察评价范围相对缩小，标准也更加精细化。二者结合，有利于了解和获取幼儿发展方面的信息、数据，从而使幼儿发展形成螺旋上升的发展趋势。

第三节 幼儿园个性化教育特色课程与评价平台的创建

一、创建了基于幼儿个性化发展的学校美术特色课程

（一）课程基本理念

我们树立"乐享艺术 润泽童心"课程理念：激发幼儿艺术创作的兴趣以及过程中的快乐情感；引导幼儿大胆并多元地表达艺术情感，提高幼儿审美情趣以及表达表现能力，帮助幼儿全面体验艺术活动的美感，培养乐于享受尝试且具有审美情趣与艺术修养的儿童。

乐享，就是快乐地"分享"与"享受"，既要充分地享受形式多元的艺术活动，又要充分运用各种艺术表达方式分享自己的情感与想法。

润泽，就是以丰富多元的艺术活动浸润幼儿的情感与内心世界，立足每一位孩子的艺术水平与需求，赋予机会，以艺术滋养儿童身心，体现教育的共性与个性。

具体艺术课程统整时，注重以下两点。

1. 遵循"以幼儿发展为本"和"乐享艺术"的理念，尽可能为幼儿提供快乐有趣、丰富多样、全面充分的艺术体验机会与条件，以利于幼儿感受艺术活动的快乐及美感，提高幼儿的创作表达表现能力及审美情趣。

2. 课程突出基础性艺术活动与艺术特色活动的有机结合，以有利于幼儿艺术能力的全面发展，有利于特色与基础课程的融合。

（二）特色课程结构

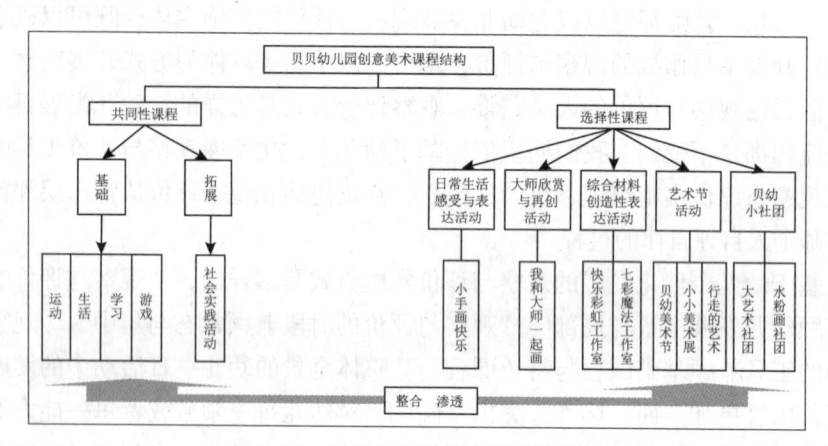

图7-24 贝贝幼儿园特色课程结构图

（三）特色课程发展目标

1. 课程总目标

幼儿园课程立足"滋润每一位幼儿的身心发展"，实践"乐享艺术"内涵，以"乐享艺术 润泽童心"为课程理念，为幼儿创设一个快乐、多元的艺术启蒙教育氛围，使幼儿充分且欢乐地享受各类艺术体验活动，用艺术浇灌幼儿的身心，培养具有审美情趣与艺术修养的儿童。

通过上海市学前教育课程的实施，促进幼儿健康水平以及情感、态度、认知能力等各方面的发展，培养幼儿健康活泼、好奇探究、文明乐群、亲近自然、爱护环境、勇敢自信、有初步责任感的品质，使之成为"有审美情趣与艺术修养"的儿童。

2．美术特色课程目标

表7-3 贝贝幼儿园美术课程目标列表

美术特色课程总目标：
1.用心灵感受和发现大自然、社会文化生活中的美，并用自己的方式去表现和创造美。
2.积极参与艺术活动，有自己比较喜欢的活动形式。

类别	分类总目标	3～4岁	4～5岁	5～6岁
※艺术创想活动	1.乐于收集美的物品或生活中的废旧材料。 2.能运用绘画、手工制作等表现自己观察到或想象的事物。 3.能用自己制作的美术作品布置环境、美化生活。 4.艺术活动中能与他人相互配合，也能独立表现。	1.了解基本的几何形状：圆形、方形、长方形、三角形等。 2.学习使用不同的粘贴工具：固体胶、胶水、双面胶、透明胶、即时贴等。 3.乐于收集美的物品或生活中的废旧材料。	1.学习将点状、面状、块状材料用线状材料和工具从中穿过，连接成串。 2.学习搓长、团圆、拍压、捏、挖、分泥、连接、伸拉。 3.能用自己制作的美术作品布置环境、美化生活。	1.学习将线状材料按照一定的顺序缠绕成平面图像或立体图像。 2.学习用细木棒、细铁丝等辅助材料插入所需连接的部分，或将制作材料本身做成凹凸相当的切口，使之连接成形。 3.艺术活动中能与他人相互配合，也能独立表现。
※趣味玩色活动	1.乐于用多种感官去感受和认识色彩。 2.在欣赏自然界和生活环境中美的事物时，关注其色彩、形态等特征。 3.能用线条和色彩画出自己想画的人或事物。	1.乐于用多种感官去感受和认识色彩。 2.知道各类材料和工具的基本性质，例如油画棒的油性，水粉颜料、水彩颜料的水性，宣纸的渗透性等。	1.学习辨认三原色、三间色、常见的复色以及无彩色，在此基础上学习感受冷色与暖色。 2.学习辨认色彩的明度，知道一种原色加黑或加白所造成的颜色的深浅变化。 3.学习辨认出原色的彩度高，颜色鲜艳，原色中加黑、白、灰后彩度就低，颜色灰暗。	1.学习主体色与背景色关系的处理：学习用深浅、冷暖、鲜灰来加以处理。 2.初步学习有层次、有主调地配置同种色、类似色、对比色。 3.能用线条和色彩画出自己想画的人或事物，并初步学习用色彩表现几种常见的基本情绪。
※大师欣赏活动	1.喜欢观看花草树木、日月星空等大自然中美的事物。 2.乐于观看绘画、泥塑或其他艺术形式的作品，有模仿的愿望。 3.欣赏艺术作品时，会产生相应的联想和情绪反应。 4.艺术欣赏时常常用表情、动作、语言等方式表达自己的理解。 5.愿意和别人分享、交流自己喜爱的艺术作品和美感体验。	1.喜欢观看花草树木、日月星空等大自然中美的事物。 2.乐于观看绘画、泥塑或其他艺术形式的作品，有模仿的愿望。	1.欣赏艺术作品时，会产生相应的联想和情绪反应。 2.艺术欣赏时常常用表情、动作、语言等方式表达自己的理解。	1.学习水粉画怎样调配水粉颜色，怎样舔笔，怎样平涂颜色，怎样洗笔等。 2.学习水墨画怎样握笔、怎样舔笔、怎样洗笔、怎样画中锋和侧锋等线条，怎样控制墨、色、水的分量以形成浓淡墨色等。 3.愿意和别人分享、交流自己喜爱的艺术作品和美感体验。

（续表）

美术特色课程总目标：
1. 用心灵感受和发现大自然、社会文化生活中的美，并用自己的方式去表现和创造美。
2. 积极参与艺术活动，有自己比较喜欢的活动形式。

类别	分类总目标	3~4岁	4~5岁	5~6岁
※大艺术活动	培养幼儿观察力、发现力、感知力、品鉴力、思考能力、决策力、整合力、表达力、创新力、全局控制力。	1. 学习目测剪、沿轮廓剪、折叠剪。 2. 学习目测撕、沿轮廓撕、折叠撕。 3. 学习搓长、团圆、拍压、捏、挖、分泥、连接、伸拉。	1. 学习如何创作蜡笔水粉画（先用油性足的蜡笔或油画棒等油性绘画工具在铅画纸上画出物体形象的轮廓，然后用水彩笔蘸水粉颜料遍刷整张纸凸显创作的物体形象）。 2. 知道印画的基本形式（印章画、拓印画、刮印画、合印画等），学习怎样压印、拍印、拓印、刮色、对印，以及怎样使用颜色和布局等。	1. 学习如何创作吹画（怎样吹和吹什么形象）。 2. 学习怎样拼摆画面、怎样喷洒。 3. 学习如何创作吸附画（怎样滴墨、怎样引导、怎样捕捉形象、怎样吸取纹样、怎样联想、怎样添画等）。
※个别化学习活动	1. 经常涂涂画画、粘粘贴贴并乐在其中。 2. 经常用绘画、捏泥、手工制作等多种方式表现自己的所见所想。 3. 能用多种工具、材料或不同的表现手法表达自己的感受和想象。	1. 知道彩笔画的基本工具（蜡笔、油画棒、彩色铅笔、彩色水笔、彩色粉笔等），学习怎样握笔、怎样勾线和均匀的涂色。 2. 经常涂涂画画、粘粘贴贴并乐在其中。	1. 学习用连续不断的线条将物体的各部分融合成几何整体。 2. 学习用基本几何形状组合成合理的结构。 3. 经常用绘画、捏泥、手工制作等多种方式表现自己的所见所想。	能用多种工具、材料或不同的表现手法表达自己的感受和想象。
※日常活动	1. 关注个体在生活中的体验与经历，加强对生活的感受力和兴趣。 2. 尝试用简单美术语言的表达方式和方法，表达自己对生活的感受及情感。 3. 尝试用多种方式共同参与美化幼儿园环境和自我生活的实践。	1. 关注个体在生活中的体验与经历，加强对生活的感受力和兴趣。 2. 尝试用涂鸦美术语言的表达方式和方法，表达自己对生活的感受及情感。	1. 知道线条的形态有直线、曲线和折线三种。 2. 学习把单个形象大胆、清楚地画在画面的中心位置。 3. 学习有节奏地在画面上并列安排主要形象与次要形象。	1. 知道线条的长、短、粗、细、疏、密、轻、重的变化。 2. 知道直线的垂直、水平、倾斜、平行、交叉、穿插等变化，曲线因弧度的大小、方向转换的不同而呈现的变化。 3. 学习在画面上灵活地安排各种形象的位置和动态，使作品平衡有变化。

（四）课程内容与组织

立足幼儿身心发展特点和活动经验，以《幼儿园教育指导纲要》《上海市学前教育课程指南》《3~6岁儿童学习与发展指南》为指导，参考上海市学前教育新教材《游戏》《学习》《运动》《生活》及美国K12创意美术课程、大艺术综合材料美术课程及本园美术课程实践开发，积累各种美术活动的自编教材，作为实施园本化创意美术的教育内容。

1. 与基础课程相融的活动

（1）与学习相融合的形式有：主题相融的集体性美术教育活动、自主开发的集体性美术教育活动、个性化美术学习区域活动。

（2）与生活相融合的形式有："小手画快乐——我们的绘画日记"、自然角写生。

2. 辅助性综合活动

辅助性综合活动是课程特设的多元活动，也是课程的拓展性活动，旨在激发幼儿艺术活动积极的情感体验，丰富幼儿美术感受体验和表达创造经验，包括艺术节活动、美术室活动、艺术廊环境创设。

基础性与专题性两种活动组合呈现环境欣赏与活动体验相结合、班本化和全园性相结合的特点。依托和挖掘园所资源、周边资源、社区资源，通过丰富多样的课程化环境和各类活动等，幼儿充分感受自然、生活、事物和作品的艺术美。在日常、专室、集体、主题活动中以班本化和全园性相结合的方式实施，在多种形式的美术活动中把培养幼儿的艺术修养作为领域目标，把幼儿完整、全面、和谐发展作为终极目标。归纳起来可以分成以下几类活动。

一个美术节：亲子美术创作活动、亲子行走美术创作活动、美术作品比赛、美术作品展等。

一条美术廊：二楼作为美术欣赏长廊，利用地面、顶面、墙面设置"贝贝小画廊——幼儿个人美术作品展""大艺术作品展""大师作品欣赏区""地面美术馆"。

一方美术室：利用大厅一角和二楼活动室设置"趣味玩色区""艺术创想室"，满足幼儿对色彩、线条、工具、材料的平面、立体综合创作的需求。

一处美术角：每个教室内创设艺术氛围浓厚的、符合年龄特点的"美工区"和"幼儿绘画日记"美术角，提供不同表现形式的艺术作品、艺术类书籍，培养幼儿审美情趣和敏感性。提供多元的美术材料、工具，引导幼儿用丰富的创作形式（绘画、手工、雕塑、造型等）表达自己的感受和体验，积累一定的表达经验，并用想象创作美化生活环境。

一堂美术课："大师作品欣赏再创""综合材料艺术创作"拓展幼儿美术作品欣赏的视野和工具材料使用的经验，提高艺术审美和再创表现能力。

（五）课程实施

美术创意课程设置强调基础性课程与专题性课程的自然融入，强调在确保基础性课程内容规范实施的前提下，开展特色活动（选择性课程）的研究和实施。

表7-4 贝贝幼儿园美术创意课程安排表

板块	活动形式	内涵与功能	活动安排
基础相融活动	大师欣赏再创活动	基本构想：拓宽视野，给孩子最好的艺术欣赏。 表现方式：在初步欣赏、感受大师作品的过程中，丰富对艺术创作的经验，在表现和再创的过程中走近大师，树立自信。	每周一次（周四下午），每次30~45分钟
	大艺术综合活动	基本构想：用综合材料培养综合能力。 表现方式：打破材料和画种的界限，把各种创意思维、艺术语言、视觉表达方法融会贯通，培养幼儿自己的创造个性。	每月一次，每次40分钟
	个别化学习	基本构想：个性化的表达和表现。 表现方式：根据幼儿年龄段特点，在区角内提供丰富多元的个别化学习活动材料，支持幼儿在自主选择中进行个性化表达与表现，体验成功的快乐。	每天一次，每次20~30分钟
	艺术创想活动	基本构想：玩得有创意。 表现方式：充分利用生活中各类材料进行创意美工制作，从平面创作拓宽为立体造型，突破孩子思维禁锢，发展幼儿想象力和创造力。	每周一次，每次30分钟（连续一月）
	趣味玩色活动	基本构想：感受色彩的丰富。 表现方式：运用不同的绘画工具、材料及表现技法，在玩色的过程中绘制出富有创造力、想象力，又具有幼儿个性特色的绘画作品。	每周一次，每次30分钟（连续一月）
	小手画快乐	基本构想：发现与表达生活美。 表现方式：在一日生活中引导幼儿关注生活，主动发现生活中的美好人与事，学会用简单的表征方式表达自己的感受、体验等。	1.每天自由绘画时间：午休、自由活动 2.一月一次专题绘画时间：午休（主题自选） 3.一周一次分享讲评时间：周四午休时间
辅助活动	美术节活动	基本构想：给孩子一个艺术展现的舞台和节日。 表现方式：全园师生家长共同参与表现与展览。	一学年一次（第二学期）11月
	行走艺术活动	基本构想：让孩子游走于艺术化的事物中，感受美、表达美。 表现方式：走出园外参观与创作。	一学期一次 4月、11月

以上课程内容设计丰富多元，在活动材料的提供上多种多样，满足幼儿个性化感受和独特性表达的需求。

在研究过程中，我们越来越认识到美术既是我园课程特色，更是幼儿个性发展表达的载体。为了更好地满足幼儿个性化发展的需求，2018年7月，我园创建了中班、大班两个综合材料创作美术工作室。工作室提供丰富多元的材料，制定作息安排，确立功能定位、合理规划布局、制订计划方案，满足幼儿个性化创作和表达的需求。

每学期，依托项目研究我们进行了美术工作室环境创设、材料投放与观察指导的实践研究。在研究过程中，我们充分挖掘美术工作室的功能，以"探究性综合材料"为切入点进行观察与案例解读，满足不同个性与能力幼儿的发展。

表7-5 贝贝幼儿园美术区角活动方案

序号	活动名称	目标	材料提供	玩法	观察指导要点	图片示例
1	《可爱的小动物》（拓印、装饰）	1.愿意用拓印的方法印各种小动物并尝试简单的背景装饰。2.感受拓印画的美，在创作过程中体验成功的快乐。	刻好的小动物印版、颜料、水粉笔、绘画纸、油画棒、压花。	挑选自己喜欢的小动物印版及颜料进行拓印，并用各种材料进行装饰。	1.观察幼儿是否能在动物印版的轮廓线内刷颜色，并在绘画纸上进行拓印。2.观察幼儿是否愿意用各种材料发挥想象进行装饰。	
2	《黑白皮毛》（羊毛卷卷、我家的小兔装饰）	1.尝试用剪、贴、粘等方法制作小动物的皮毛。2.乐意给小动物们穿上美丽的衣服。	纸、棉花、纸巾、即时贴、双面胶、剪刀。	使用剪刀沿着线条剪出羊毛形状并进行粘贴。能够用揉、团、贴的方法装饰小兔的皮毛。	1.观察幼儿使用剪刀的能力，指导幼儿按着线条剪。2.使用纸巾、棉花等材料揉搓出圆形装饰动物的皮毛。	
3	《动物的花花衣》（长颈鹿涂色、斑马装饰）	1.乐意用颜料给立体长颈鹿进行涂色、装饰。2.尝试用剪刀在即时贴上剪出斑马的花纹并装饰。	颜料、水粉刷、即时贴、剪刀、螺丝玩具。	1.学习顺着一个方向刷色的方法，利用玩具拓印给长颈鹿装饰。2.将即时贴剪成长条形装饰。	1.观察幼儿是否会用颜料给长颈鹿刷上均匀的颜色，并进行斑纹的装饰。2.指导幼儿正确使用剪刀剪出长条形。	
4	《纸杯动物》制作、装饰	1.尝试用纸杯、各种形状的彩纸进行拼贴装饰小动物。2.乐意参与制作活动，感受纸杯动物的独特美。	彩纸、眼睛、纸杯、剪刀、双面胶。	选择各种图形拼贴出小动物的五官装饰在纸杯上。	观察幼儿能否大胆进行制作、装饰。	

研究过程中，教师有针对性地进行跟踪观察，结合日常过程性观察与评价，对幼儿的具体行为进行量化阐述，如活动持续时间的长度、跨度，幼儿具体的语言、行为，教师的观察指导语言等，为教师提出客观评价及建议提供科学的依据。

表7-6 贝贝幼儿园美术区角活动观察表

观察者姓名：顾华叶		被观察者：周艺凯	学段：小班	幼儿年龄：4	
简要描述观察地点与情境					
幼儿美术能力发展观察	A~D阶段评定	美术材料投放与教师指导	A~C阶段评定	目标行为描述与解释（叙述性）：9:01 用颜料笔蘸白色颜料开始在小兔子的轮廓线里面大面积反复涂色。	
兴趣度	B	环境暗示	C		
主动性	B	整体布局	C		
专注性	B	操作材料多样性	B		
独立性	B	操作材料层次性	B		
构思	B	操作材料可变性	B		
操作的熟练性	B	关注个别幼儿	B	9:02 笔涂不出色了，再次蘸白色颜料继续涂抹，这次是点点点，把没涂到的地方、边边角角涂好。	
自我感觉	B	语言指导	A		
习惯		分享点评		9:04 老师在教其他的幼儿，他停下来看他们讲话，他们说完了，他转身再次蘸颜料开始涂色，这次将小兔子全部涂满了。

9:09 我提醒他涂满了可以进行下一步——用纸覆盖在上面，他没有采纳，这时候黄老师来指导宝宝："宝宝你可以像昨天那样做哦。"他点了点头。
换了支颜料笔，开始涂起来，这次涂得较慢，张老师过来指导了，告诉他可以上下来回地涂，这次他大胆多了，开始上下快速涂色。

9:16 涂好后拿起了一张纸用力压一压、摸一摸，打开纸后他"哇"地开心地叫了一下。 | |

(续表)

观察者姓名： 顾华叶	被观察者： 周艺凯	学段： 小班	幼儿年龄： 4
习惯	分享点评		9:20—9:25　他选择了黄色颜料进行装饰。

分析与调整建议：
1. 这份材料的可玩性强，材料丰富。幼儿可以选择喜欢的颜料进行涂色、拓印，最后进行装饰。
2. 老师提供的材料便于幼儿操作，还提供了暗示性的照片。

调整建议：
颜料的颜色选择上可以多一些，比如说小兔子可以是灰色的，或者是肉色的，使最后的成品色彩更美观。
多配一些颜料笔或者是水桶，供幼儿进行颜色替换。

美术工作室作为班级美术集体活动与个别化区角活动的延伸，在一定的层面给教师提供了更多观察的视角与研究的方向，为个性化教育提供了更加丰富的活动与研究平台。

二、创建了促进幼儿个性化发展的信息技术管理平台

实施幼儿个性化教育的前提，是最大限度实现对幼儿发展数据的积累和分析。为此，我园联合有关信息软件开发技术公司，开发了"贝贝幼儿园学校"云平台，围绕幼儿个性化发展开发了观察内容模块和个性化统计分析软件，并制作了电脑版和手机、平板版，满足了研究幼儿日常各项活动观察、评价、统计、分析的需求。具体有六个子系统，包括：幼儿个性化发展观察与评估、问卷调查、数据统计分析、个人中心、系统管理。每个子系统的主要功能主要有以下几种。

（一）幼儿个性化发展观察与评估

建设含小、中、大各年龄段生活活动、学习活动、游戏活动、运动活动、自由活动、美术活动模块。由园长、副园长、相关教研组长、班主任对幼儿日常各方面行为进行观察与记录。

（二）问卷调查

含教师问卷、幼儿问卷、家长问卷（如新生调查、月度满意率调查等），在移动端APP完成问卷填报，问卷结果实时统计、汇总。

（三）数据统计、分析

对幼儿的观察记录、结果、问卷结果等各类数据进行统计、分析。数据统计分析主要模块有以下几项。

1. 我在进步汇总与分析（小班）

对小班幼儿"我在进步"的结果进行统计，统计的数据有效期为10天。可以查看单个或多个幼儿的数据，也可以选择查看对应班级以及全园的统计数据。

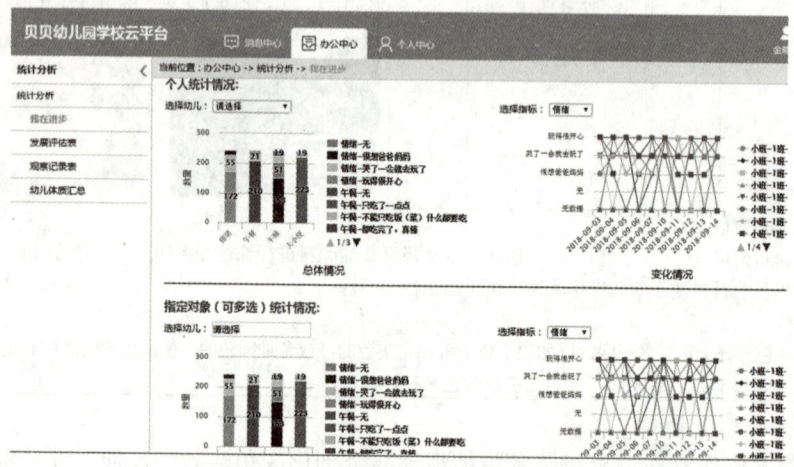

图7-25 "我在进步"全班日统计图

2. 常规发展评估汇总与分析

对每个年级、班级幼儿的月/学期发展评估表的结果进行统计，每个月的数据都可以分开进行统计。可以查看多个幼儿的对比情况、多个班级的数量统计和走势图。

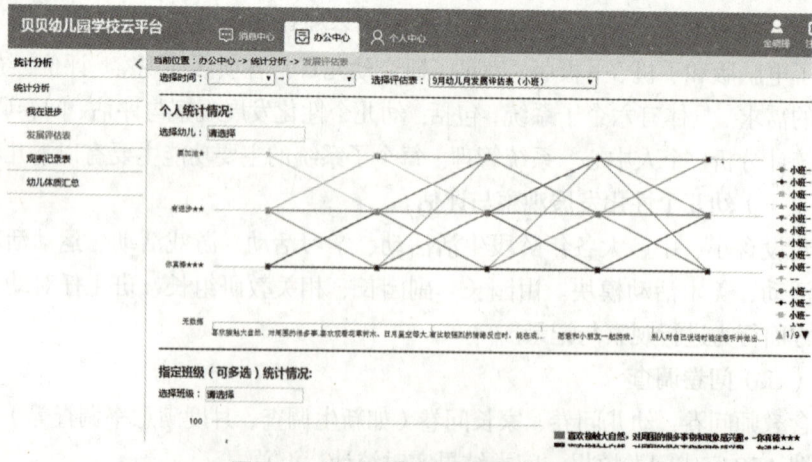

图7-26 幼儿发展情况评价统计图

3.专项发展评估汇总与分析

选择对应的观察记录表及需要查看的幼儿后,可以看到所选的每个幼儿的记录情况,并且可以看到当前所选记录表的每个指标、每个结果的统计比例,可以点击对应的比例查看选择对应结果的人员列表。

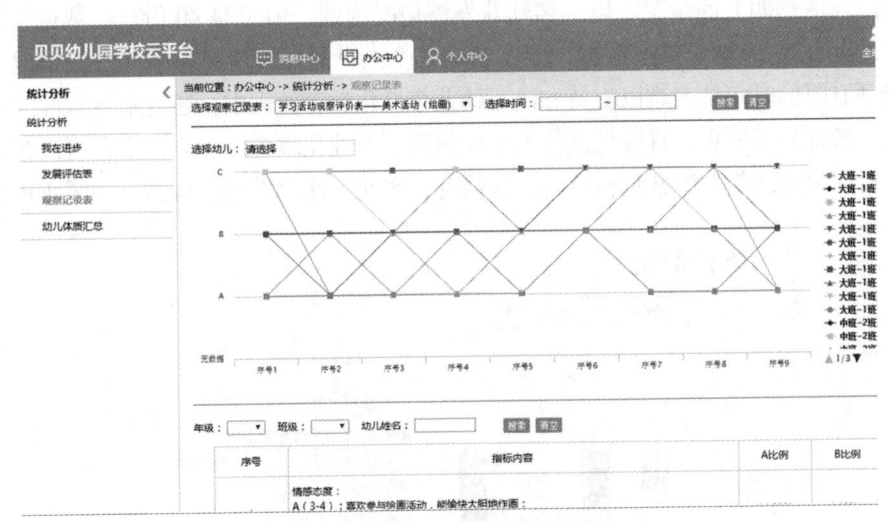

图7-27 幼儿专项发展评价统计图

4.幼儿体质汇总与分析

可以查看所有的幼儿的体检信息,并且可以看到对应的"班级—体重P值""班级—身高P值""年龄—体重P值""年龄—身高P值"的统计数据。

图7-28 幼儿体质情况统计图

| 为了孩子个性的绽放 |

通过幼儿日常观察数据个性化统计分析软件的开发，极大节约了教师统计分析的人力成本和时间成本。通过线状图、柱状图、饼状图等不同方式，教师非常便捷地了解幼儿横向和纵向的发展情况，为个性化教育提供了有力的支持。以小班9月新生入园适应情况为例，老师对每位幼儿连续两周记录情绪、午餐、午睡、活动四方面情况。以一名幼儿发展情况为例，10天是40份观察数据，25名幼儿就是1000份观察数据，要了解幼儿个人纵向发展情况与横向发展情况，老师有限的时间精力难以支持和满足幼儿个性化教育的需求。通过平台软件的开发，教师只需要将每日数据进行电子化填写，个性化教育统一分析平台可以在第一时间出现幼儿个体纵向和横向发展情况，实现个性化教育的可能。如图所示：

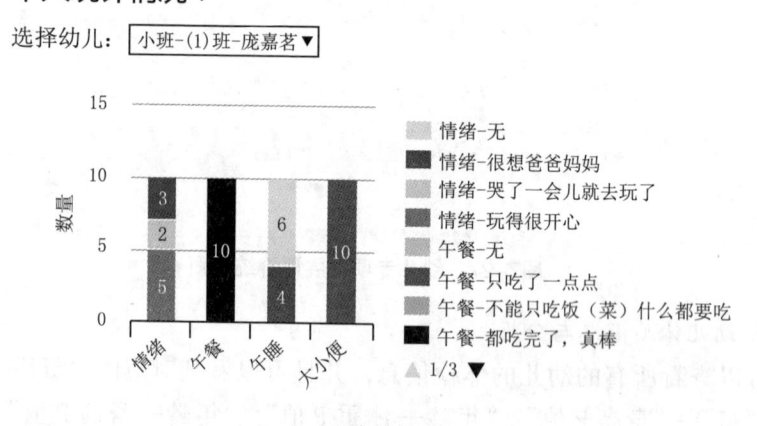

图7-29 幼儿情绪数据统计图

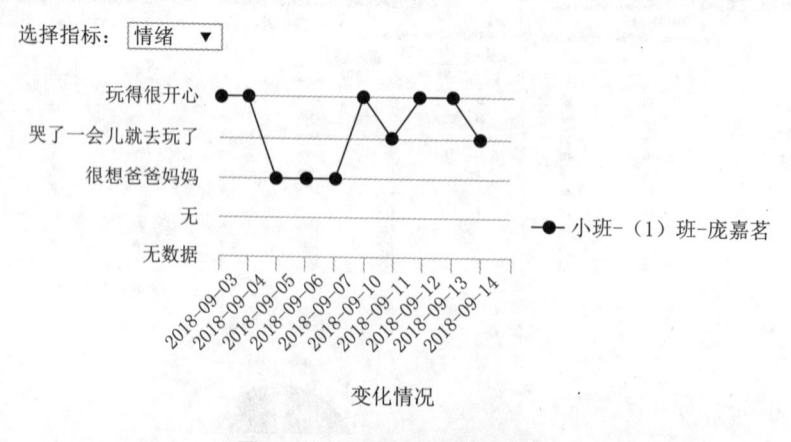

图7-30 幼儿情绪折线统计图

这是P幼儿9月3日到9月14日连续10天的在园情绪统计线状图，情绪状态有5天是玩得很开心，2天是哭了一会儿就去玩了。其中情绪愉快占了50%，表明该幼儿在适应期整体情绪情况比较稳定。同时也有起伏，集中表现在入园第二、第三天，表明幼儿对新环境的好奇心满足以后，对父母的依恋再次体现。这提示教师需要在新生入园时间段内，坚持采用新颖的、幼儿喜欢的活动持续吸引他们的兴趣，从而尽快让幼儿适应幼儿园、喜欢幼儿园。

个人统计情况：

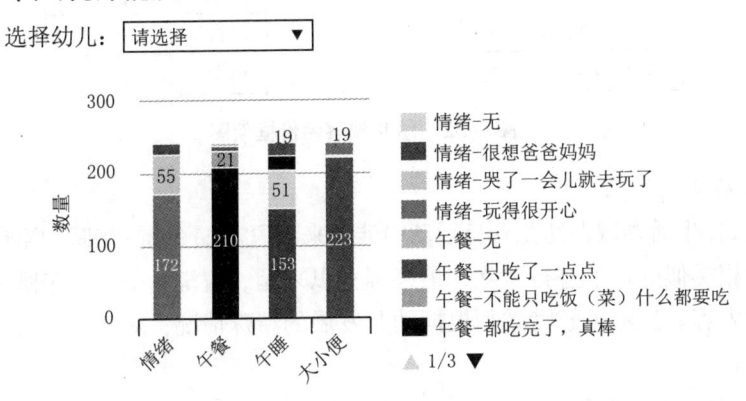

图7-31 全班幼儿情绪数据统计图

P幼儿新入园两周情绪与全班幼儿相比，全班幼儿两周内一共有172人次情绪表现为玩得很开心，占总人次的70%，P幼儿玩得很开心的时间有50%，发现P幼儿情绪状态低于班级平均状态，老师则需要对P幼儿开展个性化关注和教育。

（四）个人中心（教师、家长）

含教师个人中心、家长个人中心，在个人中心可以查看自己操作的所有痕迹，实现修改完善的功能。

（五）系统管理

含单位组织设置管理、用户管理（教师、幼儿、家长）、权限管理、问卷设置、记录设置、关联设置、教学日历等。

三、形成了基于幼儿观察评价实施幼儿个性化教育的园本特色研修模式

（一）园本特色课程研修模式

制定观察评价框架—确立观察点—开发观察量表—建立合作团队—实践

观察

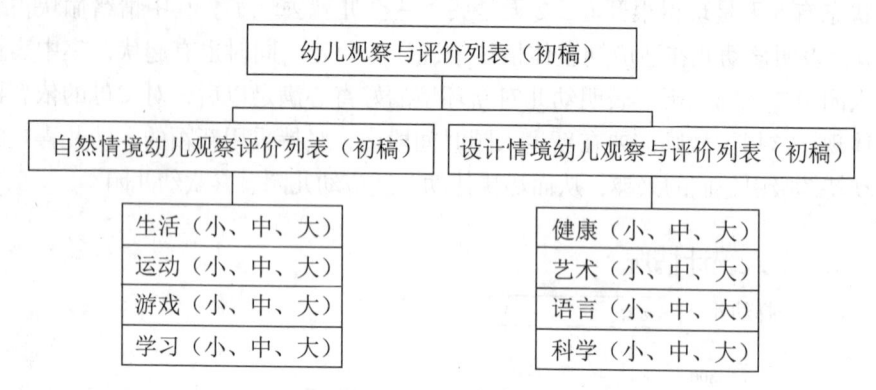

图7-32 幼儿观察评价框架图

幼儿观察与评价列表（初稿）
- 自然情境幼儿观察评价列表（初稿）
  - 生活（小、中、大）
  - 运动（小、中、大）
  - 游戏（小、中、大）
  - 学习（小、中、大）
- 设计情境幼儿观察与评价列表（初稿）
  - 健康（小、中、大）
  - 艺术（小、中、大）
  - 语言（小、中、大）
  - 科学（小、中、大）

1. 确立观察点

比如，生活领域在幼儿一日活动中涉及来园、盥洗、午餐、午睡、离园五方面。我们对相类似的环节进行删除，最终确立以来园、盥洗、午餐、午睡为重点观察评价内容。当然也鼓励教师根据幼儿发展的特殊情况，对其他内容进行观察与评价。

2. 开发观察量表

观察是一种基于证据的研究活动，观察点为进入活动寻找证据提供了方向，但观察点本身并不产生证据。只有围绕观察点确定获取证据的策略和框架，将其转化为某种工具，才能解决所研究的问题。而这种工具应能直观地、结构化地呈现，方便快速地从复杂的课堂环境中记录到相关证据，所以这样的工具大都是以量表的形式呈现。

3. 合作团队、教研实践

研究初期创建了"1+3"整合教研模式，重点深化本学习研究重点。"1"即为一个教研大组，"3"即为三个教研小组，由大组教研领衔开展园本研修活动，通过前期小组问卷调查将专题定位在"主题背景下探究性美术区角活动的实践研究"，小组教研围绕大教研专题开展并确立研究侧重点，如"小班主题背景下美术区角活动的实践研究""中班'在秋天里'主题背景下的美术区角活动实践研究""大班'动物大世界'主题背景下美术区角活动实践研究"。

（二）整合化特色教研模式的具体做法

1. 确立基本程序

每月安排一次制订小组研讨活动方案，一次小组内专题展示分享活动，由小组教研组长解决方案问题、梳理及优化调整方案，目的是激发教师的行动能力。

月末，将调整后的方案进行大组交流呈现，由大组教研组长领衔共同探究"主题背景下探究性美术区角活动"中教师的共性问题，目的是激发教师的思辨能力。

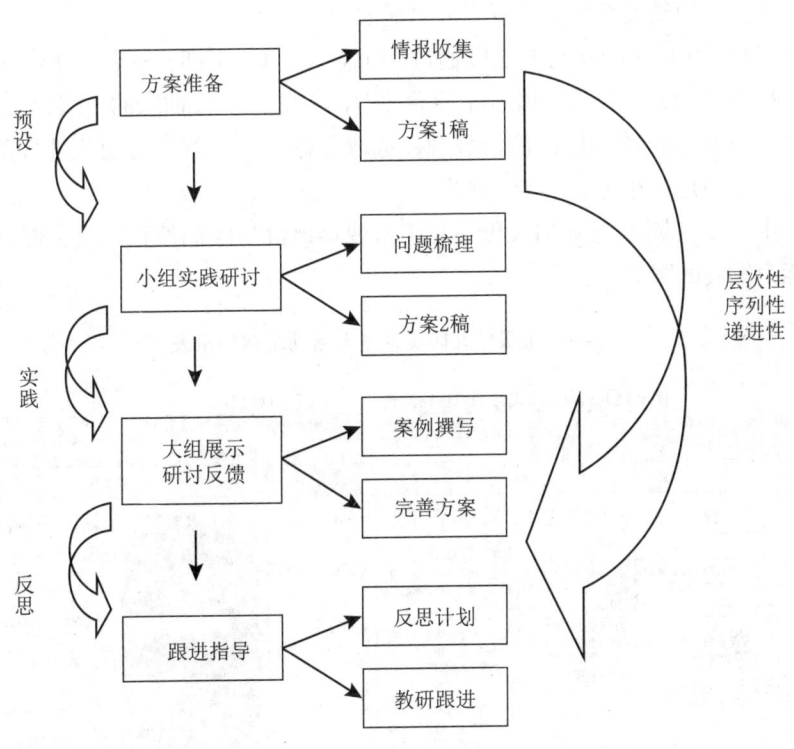

图7-33 特色课程教研模式图

2．双层反馈

双层反馈是指向教师的即时反馈和向小组教研的总体反馈。

（1）与教师的交流反馈

教学是实践性很强的专业，教师只有在不断接受别人的意见和建议，并进行自我反思的情况下才能获得进步。作为教师，内心都希望有被发现和被指导的机会。努力捕捉教师工作中的闪光点、给予肯定的同时就幼儿的活动现状、教师沟通材料与内容的适宜性，对教师进行指导。

（2）与教研组长的交流反馈

把教师遇到的问题一一罗列，通过解决教研组长的教研过程中存在的问题，帮助教研组长找准研讨话题，改进教研的话题与实效性。

129

四、探索了从幼儿观察与评价走向个性化发展的特色活动创建

依托区级重点课题《走向个性化教育的观察与评价》，园级课题小、中、大班《美术工作室材料与内容开发的研究》，围绕"基于幼儿活动现状的观察与评价，分析幼儿发展水平，提出针对性、适宜性教育策略"，逐步从幼儿观察与评价走向幼儿个性发展的教育。通过观察评价工具研发使用与数据统计分析有机结合，使幼儿个性化教育走向可能。

2017年10月，园长与L老师通过持续对大（4）班部分幼儿美术绘画方面能力水平进行观察、指导、改进来检验教育的有效性。在抽取的14名幼儿中，根据幼儿日常绘画活动中的能力表现，选取了好、中、差三名幼儿进行重点观察追踪，分别是：小宋、小于、小冯。

以下是幼儿园L老师用大班幼儿美术观察评价与跟踪教育策略，促进幼儿美术能力发展的案例。

表7-7　贝贝幼儿园美术学习活动观察评价表

案例 7-12[①]：《水中倒影》

活动背景：美术活动《水中倒影》。这节课是通过欣赏倒影图片，初步了解水中倒影垂直对称的美，并用绘画的方式尝试表现事物倒影垂直对称的特征，从而体验绘画倒影的乐趣。在分析教学策略有效性的基础上，我们重点分析了幼儿创作过程和作品水平。绘画过程中的观察发现：

（1）幼儿都能自己安排画面，尝试在画面中体现出对称、变化等形式美，并且能有顺序、有步骤地完成作品，保持工具材料的固定位置，用时取出，用后放回。

（2）三名幼儿绘画过程中的表现：

小宋小朋友通过把纸倒过来画的方式来表现对称。画了自己喜欢的城堡，通过对应与纸中线为基底线的城堡的每一根线条将水中的倒影勾画出来，并且想到了将笔头放于己画好事物的位置用笔尾来对应的方法解决倒影垂直对称的问题，将倒影垂直对称的特征理解得较准确。在涂色上也采用一一对应的方式，颜色选择上很果断，红色与橘色交叉，采用深浅不一的蓝色来表现天空与湖水，体现了他对颜色搭配有自己的想法。

小于小朋友思考了许久，最后画了东方明珠和楼房，线条流畅度稍弱，但是能大胆地表现。他以中线为基底线，用倒着画的方式来表现对称，线条宽窄的变化都能较完整地表现，可见他对线条形态和物体的整体结构有自己的把控。较好地表现了实物与倒影垂直对称的形态美。后期，发现小于小朋友在颜色的选择上较为犹豫，停留在深色上；涂色较为随意，有些颜色涂在了轮廓线外。

小冯朋友选了马路、汽车的情景来表现倒影垂直对称的关系，采用上下轮流交替画的形式进行，能把握事物的基本结构，从马路、汽车到空中的鸟、太阳，虽线条有些粗糙，但很好地表现出了倒影垂直对称的特征。他在颜色的选择上较为随意，拿到什么颜色就涂什么颜色，使得整个画面的色感较为杂乱。

分析与解读：课后与金老师对孩子们的作品从情感态度、行为习惯、认知技能三方面进行了探讨，得出所选三名幼儿美术作品的分析解读，如下：

（1）情感态度、行为习惯：

三名孩子都能自己安排画面，尝试在画面体现出对称、变化等形式美，并且能有顺序、有步骤地完成作品，保持工具材料的固定位置，用时取出，用后放回。

（2）认知技能：

构图表现上，三名幼儿都能很好地理解倒影的特征，并从构图表现上用正反、左右、中心圈的方式表现物体和倒影的形象，三个孩子表现的形象都不相同，都能大胆自信地构图，没有一个孩子说自己不会画。

涂色均匀、饱满。配色上，三名幼儿都具有一定的配色意识，能运用对比色、相似色、同种色等多种配色方法，小宋小朋友在配色和颜色丰富程度上具有一定优势，另两名幼儿较弱，颜色较为单一，虽有配色意识但作品呈现效果较弱。在涂色均匀上，三名幼儿涂色都不够均匀、饱满。

（3）总体美术表现水平：

5～6岁幼儿美术用色时应该知道运用不同的绘画工具和材料表现不同的效果。具有一定的配色意识，能运用对比色、相似色、同种色等多种配对方法。

三名幼儿需要重点解决和推进的是用色的表现能力。如涂匀，同类色、对比色的运用，背景轮廓涂色等方法。熟悉使用不同材料工具的方法。

教学策略改进措施：

（1）提高孩子美术用色表现能力。

在之后的一周中，对选出的14名幼儿围绕以上几方面进行了具有针对性的指导。每周的美术活动中强调涂色均匀、涂在轮廓线内。在幼儿进行涂色时及时提醒，对于个别孩子指导他们可以用颜色在轮廓线内先勾画，再涂色。针对因上课时间有限没有办法展示作品的幼儿，鼓励他们利用个别化、自由活动的时间进行完善。

[①] 案例提供者：陆佳圣

(续表)

将孩子的画作进行收集、展示，对涂色不留白、不出线、颜色均匀的幼儿进行肯定，个别涂色不均匀、出线的幼儿进行再加工。

在美工区开展涂色闯关活动，投放难度不易的涂色画作，让幼儿进行挑战，增加了幼儿对涂色的兴趣，提升了涂色能力。

（2）提高幼儿对色彩搭配的认识。

制作关于配色的PPT，让幼儿对什么是冷暖色、同类色、对比色等有统筹的认识。引导幼儿在作品中进行体现。

通过午休散步及谈话活动，让幼儿看看、说说冷暖色、同类色、对比色的方式来加深记忆。

（3）丰富美术工具的投放、使用。

在提供基础的水彩笔、油画棒、记号笔的前提下，根据当月以水主题的活动，在美工区、个别化活动以及美术活动中丰富投放水粉颜料、水拓等各种工具，在集体活动或者个别化活动中满足幼儿对不同材料探索和使用的需求。

（4）给予充分创作时间。

利用来园时间、自由活动等时间，给予幼儿充分的时间来完成自己的作品。

实施效果：

通过一周的努力，对比前一次的作品我们发现三位幼儿所呈现出的作品有了很大的变化和进步，主要表现为：

（1）三名幼儿均能自己安排画面，画面布局均有大小、上下考虑。小宋、小于小朋友在构图上还表现出了疏密关系。

（2）能用不同的材料工具表现，将粗细记号笔合理地运用、添画，用蜡笔来添色，并能均匀地在轮廓内涂色。

（3）画面色彩表现丰富，均出现对比色、同类色等。

（4）三幅作品整体结构、动态、特征细节等均表现得较为灵活。

从以上案例，我们可以看到，老师依托美术观察与评价工具，对幼儿美术水平进行有计划、有目的的观察与评价的情况。观察与评价的指向性非常明确，从情感态度、认知技能、行为习惯三方面多维度地进行考量，使得教师在日常观察时更加明确要观察什么，怎么观察。了解幼儿美术水平优势是什么，发展空间在哪里，从而针对性地改进教学策略，切实提高了幼儿美术能力，为个性化教育提供了现实可能。

以下是金老师对中班幼儿生活观察评价与实施跟踪教育策略，促进幼儿生活能力发展的案例。

表7-8　贝贝幼儿园午餐、点心观察评价表

观摩对象：中（3）班（8人）　　　　　　　　　　　观察者：金晓锋
观摩时间：2016.11.24　　　　　　　　　　　　　　班级：中（3）班

项目	项目目标 3~4岁 A	项目目标 4~5岁 B	项目目标 5~6岁 C	备注 阶段描述	备注 具体描述
幼儿发展观察要点　1.具有良好的生活与卫生习惯。	1.在老师的指导和提醒下饭前便后能洗手，洗手方法基本正确。用餐前保持手的干净。	1.饭前便后主动洗手，洗手方法正确。	1.饭前便后主动洗手、擦手，洗手、擦手的方法正确。	未观察到	1　2　4　3　5　6　8　7
	2.学习用筷子吃饭。	2.能用筷子吃饭。	2.能熟练使用筷子。	B	
2.具有基本的生活自理能力。	3.在老师的提醒下不含饭，独立进餐，不吃汤泡饭，不挑食，不偏食，能吃完自己的一份点心和饭菜。	3.不偏食、挑食，吃东西细嚼慢咽，不暴饮暴食。能吃完自己的一份点心和饭菜。	3.喜欢吃多样的食物。吃东西时细嚼慢咽。能吃完自己的一份点心和饭菜。	B；2	
3.具有自尊、自信、自主的表现。	4.午餐结束后，能收拾自己的餐具并放到指定的地点。	4.在老师的提醒下，饭后能把桌面、地面收拾干净，并把碗、筷收拾整齐后放入指定的地点。	4.吃好饭后能主动把桌面、地面收拾干净，并把碗、筷收拾整齐后放入指定的地点。	A+	
4.具备基本安全知识和自我保护能力。	5.午餐后，在老师的提醒和指导下，能照着镜子正确地擦嘴、漱口，将小毛巾、杯子放回原处。	5.能用正确的方式漱口，能自觉使用毛巾正确擦脸、擦手。	5.自己的事情自己做，不会的愿意学。	B-	
解读分析	幼儿用餐生活习惯能力需要细致培养。75%幼儿没有吃完，66.6%幼儿没有漱口，62.5%桌面收整不干净。 与班级反馈沟通午餐情况，下周二跟踪观察效果。				

通过观察，教师对幼儿的行为进行分层认知，观察工具表的运用不仅仅是对幼儿能力的评价，同时也是对教师教学行为的导引。

第四节　项目研究的反思与展望

一、反思

（一）对已有成果的反思

1. 基于个性发展——对幼儿美术课程的改进

学校课程建设本身不是最终的目的或目标，给幼儿提供丰富的、有特色的、个性化的课程才是最终的目标。基于园本特色课程的完善，我们不仅从目标、整体特色课程内容、评价几个关键要素出发，将个性化教育的目标落实在特色课程中，更在不断的实践中拓展美术课程的内容形式及幼儿体验的途径，让美术课程贴近不同的家庭、不同的个性发展的孩子，具体的做法有以下几种。

（1）个性化美术社团的构建

2018年我园借助创意绘画专业机构"云画室"及高等院校美术专业研究团队"大艺术工作室"两大社会资源的成熟课程体系及教学实施策略，不断完善特色课程集体教学活动内容。

在保留原本的水粉创意绘画为主要表达形式的美术活动内容的同时，我们又引进了"云画室"绘画专业机构，开设幼儿创意绘画第二个社团，在水粉颜料为主的美术活动中融合了更多的"美术综合材料创意绘画"，在一定程度上丰富了集体活动的内容及活动形式。

（2）艺术性社团补充拓展

在关注美术特色课程建设的同时，我们依据幼儿艺术发展的优势组织了"小百灵""爱表演"两大社团。

（3）艺术系列活动

较以往的特色课程实践活动，我们更加注重与社区、家园的联系，在实践过程构建了特色课程：亲子系列活动"中华国粹亲子实践活动""运动·点亮生命之灵亲子运动会""重阳节亲子活动""艺术嘉年华亲子系列活动"等。

以"艺术嘉年华亲子系列活动"为例。

我们确立了以"童心畅享艺术"为主题的艺术节系列活动，规划了童心看艺术、童心嘉年华、童心享艺术三阶段艺术活动，活动过程如下。

第一阶段：童心看艺术（"小眼睛大世界，寻找身边的美"亲子摄影大赛、"行走的艺术"中大班美术写生参观活动）

第二阶段：童心嘉年华（小、中、大班不同主题DIY亲子废旧材料制作大赛、小中大美术节亲子活动、大班美食嘉年华"有用的植物"主题活动、小百灵歌唱大赛)。

第三阶段：童心享艺术("小百灵"会演、艺术节优秀作品展)。

活动内容不断丰富，拓展艺术节的内容：本次活动较以往在内容上有了更深入的拓展，活动的形式上更加的丰富，从欣赏—实践—分享的角度让幼儿有了更深入的体验。

2．基于数据——对教育评价方式的改进

以小、中、大三个年龄段12个班级12场游戏为例，在进行现场游戏评价时，针对指标，我们进行了调研评价。

表7-9 贝贝幼儿园游戏现场观察记录表

幼儿园： 调研时间： 调研人员：

	指标	1	2	3	4	5
时间安排	1.每日自主游戏时间保证。					
	2.能兼顾各类游戏。					
环境与材料	3.环境安全、空间充分，利于幼儿开展游戏。					
	4.自然材料、低结构材料丰富，象征性材料符合年龄特点。					
	5.环境与材料可变，能支持幼儿各种生成活动。					
观察与回应	6.幼儿在玩自己的游戏，教师欣赏、认同游戏过程，且善于等待，能满足不同幼儿的游戏需要。					
	7.仔细观察游戏过程，充分尊重幼儿的游戏意愿，适度参与、适时回应，不会主观介入游戏、影响幼儿本身的游戏进程。					
	8.能根据需要组织交流，分享交流有意义。					
幼儿表现	9.情绪愉快、体现自主。					
	10.有运用空间与材料的能力，能解决游戏中各种问题。					

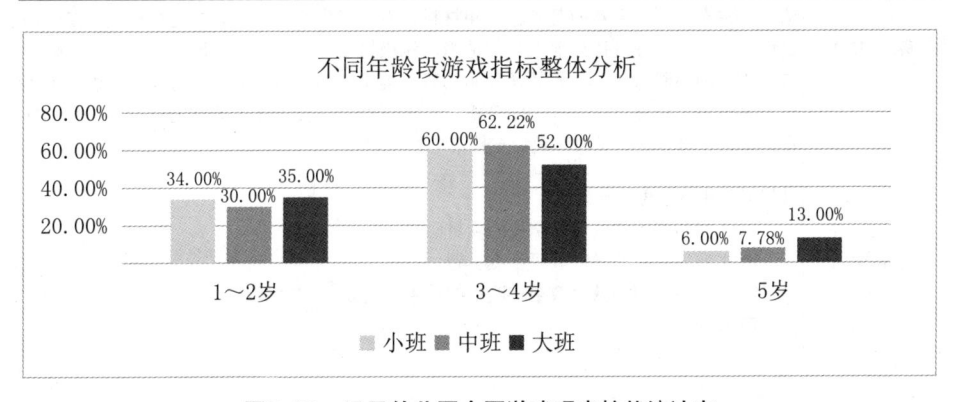

图7-33 贝贝幼儿园全园游戏观察柱状统计表

针对上述游戏指标统计数据，我们对不同年龄段的幼儿游戏活动组织与设计进行了评价，从指标出发明显发现游戏指标偏向中下，最高指标所占比例较少。基于以上分析，我们不再单纯从建议老师如何改变材料为主，而是引导老师整体思考游戏活动的全面评价，从这些指标出发，反思教学活动的有效性，让老师进一步调整游戏环境与材料以及自己的观察评价行为。这对于老师来说是一个直观而且客观的评价方式，也更有说服力。

3. 基于工具——对幼儿观察方式的改进

在进行个性化教育实践研究的过程中，研究团队通过反复查找资料以及综合考量制定了小、中、大"生活活动观察评价表""学习活动观察评价表""个别化学习活动观察评价表"等一系列观察评价量表，与此同时我们还不断开发利用现代信息工具进行观察评价尝试，如美篇、爱剪辑等软件，通过信息软件使用，提升教师观察的意识以及协作分工的观察模式，让老师在观察过程中"有工具""有方法"，对于老师而言，他的观察也不拘泥于手笔记录，真正做到"有图有真相"。

4. 基于案例——对园本研修方式的改进

在长期的园本研修过程中，我们经常进行案例分析，基于对案例价值的判断，我们开展了相关的研究，旨在通过现场观察案例，教师更加全面地分析活动的有效性，改变传统"一言"堂的教研对话形式。

案例7-14[①]：园本教研案例

<主题策划>

表7-10 主题背景下探究性美术区角活动中幼儿行为分析与教师支持策略的实践研究

基本信息	现实背景与实际问题的简析 　　主题背景下探究性美术区角活动是以幼儿的兴趣和需要为导向，通过让幼儿自主选择，并充分利用丰富的美术环境和材料，以自己生成为主的方式进行活动。在活动过程中，幼儿充分发挥想象力和创造力，积极探索，并进行自由地表达和表现。随着专题研究的不断深入，我园教师开始从研究美术区角环境的创设、材料的提供、美术作品的结果，转向对幼儿行为的分析上，观察幼儿在美工区中的行为及操作过程，并在此基础上进行材料投放和教师支持策略的梳理。
选题动因	教研活动主题的思考与确定 　□ 主题所呼应的区域或学校的项目研究 　☑ 主题所呼应的学科教研年度主题 　☑ 主题所呼应的教育教学实践中的重难点问题 　□ 其他

---

① 案例提供者：李悦

（续表）

选题动因	简述： 　　研究初期，我们针对本专题的研究做了相应的研究背景及目的介绍，并且进行了问卷调查，征集来源于一线教师对于美术特色活动的困惑，具体围绕以下两方面。 　　指向材料的困惑有："美术区角活动材料如何投放？""哪些材料属于探究性美术材料？""我们老师如何确立区角的内容？" 　　指向过程性指导的有："如何组织每一次活动后的分享，点评的点在哪里？""材料如何逐步推进？"本次我们借助大班美术专室开展的典型困境确立了主题"大班探究性美术区角活动中教师支持策略的研究"。
系列活动	主题教研活动的整体规划 活动1：主题背景下探究性美术区角活动材料投放的方法 活动2：如何运用"美术区角活动观察量表"分析幼儿的行为表现 活动3：美术区角活动中教师如何支持幼儿的学习，把握支持的策略 活动4：收集幼儿学习过程中的典型困境，形成支持性策略的手段与方法

<活动设计>

基本信息	本活动处于整个主题教研活动系列的中期 **活动主题**：大班探究性美术区角活动中教师支持策略的研究 **活动目标**： 1.借助美术区角观察量表，引导教师从学习品质与美术发展能力两个角度分析幼儿的行为，提升教师观察能力。 2.通过微视频"纸箱城市"，分析教师支持行为的有效性与方法。			
	活动时间： 2019.3.25	**活动地点**： 贝贝大班美创室		**学科**： 学前教育
	活动设计团队	幼儿园业务园长（保教主任）、小中大教研组长、大班教师		
	参与群体：幼儿园园长、全体教师			
活动准备	1.观察工具：美术区角活动观察量表 2.活动资料：理论文本资料 3.其他：微视频"纸箱城市" 4.教师经验准备： 　　经过三次大组教研活动，我们基本解决了关于"主题背景下探究性美术区角活动材料投放策略的实践研究"，形成了材料投放的思考路径"分析主题核心经验—立足幼儿年龄特点—确立主题内容—观察与调整材料"。 　　确立了材料投放的基本形式："主题式"探究性区角材料的投放方式。 　　明确了"探究性美术区角活动"的特点：整合、探究。			
	主题教研活动的基本流程 **1.教研活动的导入** 　　上一轮的教研活动我们调整了"主题背景下探究性美术区角活动观察量表"，就专题的研究核心——"幼儿"，连同教研小组将观察要素进行了重新划分，从单一的观察材料转变到本次活动的幼儿表达与表现以及教师的支持行为，今天我们结合大班"纸箱城市"区角创设中教师的支持行为进一步研讨，梳理出探究性美术区角中教师的"支持策略"。			

（续表）

	2.微视频分析"纸箱城市" （1）"纸箱城市"区角材料创设背景说明——执教老师 （2）"纸箱城市"微型学习故事 （3）头脑风暴：观看=观察？支持=支撑？ 话题1：教师是如何支持幼儿的活动的，运用了哪些策略与方法？ 话题2：教师支持与干预的时机是否恰当，怎样才能引发幼儿的主动学习？ 3.教研小结 （1）支持的前提：幼儿学习困境。 （2）支持的思考维度： 　　教师不仅仅要从材料上"做文章"支持幼儿的个性化学习，更要立足幼儿的年龄特点及学习方式，在此之上激发幼儿的主动学习及探究性，让幼儿成为活动的"主人"而非活动的"操作工"。 4.教研跟进 　　收集关于教师有效支持性策略指导下的幼儿学习故事，分析有效支持与无效支持的差异。 **资料** 1.教研预案 2.教研互动反馈单 3."我们的城市"美术区角方案 4.微视频"纸箱城市" 5.美术区角活动观察量表
主题阐述	我园围绕"创意美术"教研共经历了三个阶段："主题背景下探究性美术区角活动的材料投放——如何基于主题投放材料""主题背景下探究性美术区角活动——探究性材料的特点与价值分析""主题背景下探究性美术区角活动教师观察能力的研究——观察视角分析与界定"到本轮的"大班探究性美术区角活动中教师支持策略的研究"，教研组先从材料入手，慢慢将视角转变到"幼儿行为分析"，将教师的"主导作用"通过本轮的研讨，转化为可操作的策略方法。 阶段1：问题分析及教师困惑收集梳理 阶段2：明确观察要素及视角 阶段3：以学定教，结合现场撰写学习故事及个案跟踪 阶段4：根据观察指标，进行活动评价及分析
展示研讨	要点： 一、教研导入 二、微视频分析"纸箱城市" （一）"纸箱城市"创设背景及目的介绍——小G （二）分析现场"纸箱城市" 　　要求：结合观察量表说说幼儿的行为表现整体属于哪个程度、从中你有什么感悟或者问题。 　　讨论：视频中的孩子的活动状态如何？他们的具体行为有哪些？ 　　教师实录： 　　**小黄老师**：我是从学习品质角度来看视频中的蓝色条纹男孩，孩子始终坚持做着"纸箱城市"手工活动中的飞机场，时间非常久，但是他拿着手里的这份材料一直不动，眼神非常的犹豫，他时不时打量小G老师，小G老师也指导了，但是老师一走，完成了老师的提示动作后，他又"僵"在那里了。

138

（续表）

展示研讨	**小朱老师：** 我看的是一个妹妹，粉色的那个，她始终在里面活动，非常专注，而且从她的表情上看得出她蛮喜欢这些瓶瓶罐罐、橡皮泥、剪刀的，基本上她没有寻求帮助，孩子也能独立制作"游乐场滑滑梯"，过程中老师干预了两次，一次是对孩子说"你这个滑滑梯旁边没有挡板要飞出去的"，另一次是"摩天轮怎么立起来呀，用什么材料做它的小房间？"。 **小夏老师：** 我看的是一个灰色衣服妹妹，她对这个区的材料比较陌生，她一遇到问题就会主动喊老师寻求帮助，过程中她一直在摆弄饮料瓶子，试图要做一辆车子，但是由于瓶盖不能粘贴到瓶子上，所以她放弃了，换成摆弄交通标志。其间老师一直在指导粉色女孩，没有关注到这个迷茫的孩子。 …… **小结：** 利用观察量表大家可以从三个维度来进行观察，当然观察点是非常多的，就本次主题活动"教师支持行为"如何评价老师支持行为的有效性，我们可以从"支持的时机、支持的全面性、支持的语言引导"几个角度来分析，只有全面有针对性地进行观察记录，才能辨别教师支持的效应。 **（三）头脑风暴** 讨论：你觉得这样的现状，老师已有的支持策略有哪些？如何调整让幼儿的探究性学习更加深入？说出理由。 实录： **小张老师：** 我觉得老师的支持策略有"语言的激励"，比如"你真棒！""车子的轮子可以用这里的哪些材料做呢？""动动小脑筋想想办法"，我觉得教师的"语言引导非常的到位"。 **小陈老师：** 我觉得小G老师支持的面不够广，尤其对于灰色衣服的女孩的指导，急于要展现作品，因此小G老师没有关注到有困难的孩子，我觉得尤其要关注能力弱的"弱势群体"。 **小王老师：** 我觉得老师的支持性材料比较单一，而且比较大件，不容易制作纸箱里的小城市，规格上太过统一，没有差异。虽然都是低结构的。 **小钱老师：** 小G老师没有分享点评，她只是介绍了今天幼儿活动的现状，对于话题没有和孩子讨论，比如就今天孩子在纸箱中遇到的"没有办法自做摩天轮"，可以引发孩子商议的，再让孩子自己去找点材料，这样材料就能为孩子服务了。 **（四）教师观点梳理** | 支持的时机	支持的群体	支持的方法
---	---	---
幼儿遇到学习困难时	既要面向重点，更要关注个体。	语言引导（启发式提问、发散性思考）——主动思考 环境的暗示与材料的多元（环境中有孩子主题学习的经验、材料有孩子收集的空间）——解决问题 分享点评（要有话题）——反思与实践	 **（五）教研提升（总结梳理）** 支持性策略的具体做法： 主动与被动探索的主要支持策略思考路径： 关注—激励—引导—推进—解惑—支持性材料 关注方法：倾听、谈话、记录 激励方法：肯定赞扬、物质激励 引导方法：启发、暗示、展示学习、个别示范、实验、试错、问题情境 推进方法：参与互动、媒体运用（ipad、电脑、书籍）、分享点评 解惑方法：设疑（活动前期）解答疑问（活动后期谈话方法交流） 支持性材料：低结构、差异性、个性化（幼儿为主）

<反思与分享>

收获与共识	本次活动立足于幼儿的现场行为分析与判断，教师从识别幼儿行为到分析幼儿的行为，讨论了教师支持性策略的运用。哪些方式有助于推动幼儿的主动学习，策略思考的维度有哪些，使得活动中教师的引领作用及支持作用更加凸显，更加全面科学地指导、支持幼儿的探究性学习。
问题与分析	达成与不足： 本次教研共识梳理具有一定的操作性，不仅停留在理念层面，更细化了操作方式，但是教师的支持性策略范畴比较大，对于话题的导入老师思考的视角比较零散，还是存在各抒己见、你讲我讲大家讲的现状。 问题与分析： 1. 美术观察量表中教师支持行为没有进行"循证式"的忠实记录。 2. 教研互动过程没有引发团队骨干星级教师的组织作用。
教研跟进	制定"教师支持行为观察记录单"，就教师支持行为小组教研做后续的研究，深化支持行为操作要点。 下一轮教研活动前期分享，研究后续跟进中有效支持策略拓展的具体操作策略。

从教研案例中教师的对话频率以及教师的话语中不难发现，基于案例的教研更加开放、自主，大家"就事论事、实事求是"，在一定程度上缓解了教研的"尴尬局面"以及"单口相声"的教研瓶颈。

（二）**对已有困惑的反思**

要实现个性化教育的前提是尽最大可能充分、全面、客观地了解幼儿。这需要教师通过大量有目的、持续的观察，才能获得丰富的幼儿发展方面的信息，这对教师日常工作量提出了极大的挑战。如何既能减轻工作量，又能达到对幼儿尽可能全面的观察，虽然我们已经做了尝试，但还需要思考和探索。

二、展望

（一）**评价对象及范围**

家长评价——在进行个性化教育实践中，我们观察与评价的主要对象是幼儿，而观察者却只有教师，但是在实际幼儿教育过程中，家庭教育也同样起着举足轻重的作用，因此将"家长评价"如何落实到个性化评价的范畴是我们接下来的一个实践思考角度，发挥家长的评价以及参与度，了解幼儿园的课程教学以及幼儿园的各类活动。

（二）**特色课程研修模式的延伸**

特色课程研究围绕"美术"活动进行了若干年，在实际的研究过程中我们梳理出了研修模式，因此就美术活动研究的内容，我们如何发挥更加自主、开放的美术研修活动是我们接下来在"个性化"教育实践中需要不断思考的问题。

（三）信息技术的整合使用

幼儿园现有信息平台有幼儿园公众微信号、幼儿观察与评价云平台、掌通平台、健康信息平台等，可能根据发展的需求还会有新的平台开发。对于家长和老师来说占用的APP较多，如何实现平台的整合使其便于使用还需要进一步研究。

参考文献

［1］刘霞.幼儿发展评价改革的理念与方法［M］.浙江：浙江教育出版社，2008.

［2］朱家雄.学前儿童美术教育［M］.上海：华东师范大学出版社，1999.

［3］［美］盖伊·格朗兰德，玛琳·詹姆斯.聚焦式观察：儿童观察、评价与课程设计［M］.北京：教育科学出版社，2017.

［4］吕型伟.面向未来的基础学校［M］.北京：人民教育出版社，2002.

［5］上海市蓬莱路第二小学.个性教育初探［M］.上海：上海社会科学院出版社，1996.

［6］郭德峰.教育因真实而精彩［M］.内部刊印，2006.

［7］瞿葆奎.教育评价［M］.北京：人民教育出版社，1989.

［8］南京师范大学教育科学研究所，南京市实验幼儿园.幼儿发展评估手册［M］.南京：南京大学出版社，1993.

［9］王坚红.学前教育评价［M］.北京：人民教育出版社，1994.

［10］白爱宝.幼儿社会性发展评价［M］.北京：希望出版社，1992.

［11］陈帼眉.学前儿童发展与教育评价手册［M］.北京：北京师范大学出版社，1993.

［12］［美］墨森、缪小春.儿童发展与个性［M］.上海：上海教育出版社，1990.

［13］黄人颂.学前教育学参考资料［M］.北京：人民教育出版社，

1991.

[14]陈帼眉、冯晓霞.学前心理学参考资料[M].北京：人民教育出版社，1991.

[15]庞丽娟.幼儿同伴交往类型、成因与培养的研究[D].1991.

[16]《生活》[M].上海：上海教育出版社，2009.

[17]《运动》[M].上海：上海教育出版社，2009.

[18]《游戏》[M].上海：上海教育出版社，2009.

[19]《学习》[M].上海：上海教育出版社，2009.

[20]《上海市幼儿园保教质量评价指南》.[M].上海：上海市教委教研室，2008.

[21]中华人民共和国教育部.幼儿园教育指导纲要[M].北京：北京师范大学出版社，2001.

[22]王积葵.幼儿保健手册[M].广西：广西师范大学出版社，1993.

[23]让评价成为一种专业行为[M].上海：上海教育出版社，2009.

[24]中华人民共和国教育部.3~6岁儿童学习与发展指南[M].北京：首都师范大学出版社，2012.

[25]张丹.家园携手，让孩子成功迈出人生第一步——浅淡如何帮助初入员园的孩子尽快适应幼儿园生活[J].科教文汇，2014（11）.

[26]刘俐敏.幼儿发展评价研究[M].北京：人民教育出版社，2004.

[27]李卫平.多媒体技术用于幼儿成长档案制作的探讨[J].学前课程研究，2009（9）.

[28]黄芳.幼儿发展评价的实践与反思[J].学前教育研究，2006（10）.

[29]南京实验幼儿园.幼儿成长册[M].内部刊印，2009.

后 记

作为"依托信息技术的幼儿个性化教育的观察与评价"项目的研究成员，我们对本书的出版，感到由衷的高兴。本项目的研究从起步维艰到豁然通达，从几近空白到收获满满……我们很想借助这本书，把我们在项目研究中的所思、所想、反省和思考，呈现给大家，与广大幼教同人分享。

本书的出版凝聚了青浦区贝贝幼儿园、甜甜乐幼儿园园长和教师的心血。我们衷心感谢所有给予我们智慧和帮助的人，他们是华东师范大学陆静尘老师，青浦区高级教师郭德峰老师，青浦区教师进修学院朱连云老师、黄开宇老师，心源计算机技术有限公司IT技术专家、项目管理专家。在项目研究中，始终以认真负责的态度进行卓有成效的实践和研究，他们怀着对幼教事业的热爱、对幼儿的深厚情感，秉持着在长期实践中形成的教育智慧，给予我们支持、帮助和鼓励，共同完成了这项研究工作。每个章的撰稿人分别为：第一章、第二章为金晓锋，第三章为张嘉蔷、刘晓宇、王燕婷、陈霞锋、吴佳颖，第四章为潘丽、李一婷、戴洁婷、俞小婷，第五章为张瑜、尤美华、朱慧珍、顾华叶、杨希、周田，第六章为潘丽、顾华叶，第七章为李悦、金晓锋、朱晨燕。

限于认识水平和时间的匆忙，难免有不妥之处，敬请广大读者指正。

在此，谨向所有为本项目研究和本书出版给予关心、支持的教育专家和同行表示衷心的感谢！

金晓锋
2019年7月